# 徽州非遗传承人口述史

马勇虎 主编

**安徽省高校人文社会科学研究基地重点项目**

“国家级非遗项目歙砚制作技艺传承人口述史调查研究”结项成果

（SK2019A0410）

# 歙砚制作技艺传承人曹阶铭口述史

曹阶铭 口述
胡克春 编著

黄山书社

**图书在版编目（CIP）数据**

徽州非遗传承人口述史．歙砚制作技艺传承人曹阶铭口述史
/ 曹阶铭口述；胡克春编著．-- 合肥：黄山书社，2020.5
ISBN 978-7-5461-9022-8

Ⅰ．①徽… Ⅱ．①曹… ②胡… Ⅲ．①非物质文化遗产－介绍
－徽州地区②石砚－介绍－徽州地区 Ⅳ．① G127.542 ② TS951.28

中国版本图书馆 CIP 数据核字（2020）第 109627 号

**歙砚制作技艺传承人曹阶铭口述史**　　曹阶铭口述　胡克春编著

SHEYAN ZHIZUO JIYI CHUANCHENGREN CAOJIEMING KOUSHUSHI

---

出 品 人　贾兴权
责任编辑　秦矿玲
责任印制　李　磊
装帧设计　私书坊 _ 刘　俊
出版发行　时代出版传媒股份有限公司（http://www.press-mart.com）
　　　　　黄山书社（http://www.hspress.cn）
地址邮编　安徽省合肥市蜀山区翡翠路 1118 号出版传媒广场 7 层　230071
印　　刷　安徽新华印刷股份有限公司
版　　次　2021 年 1 月第 1 版
印　　次　2021 年 1 月第 1 次印刷
开　　本　787mm × 1092mm　1/16
字　　数　200 千字
印　　张　14.75
书　　号　ISBN 978-7-5461-9022-8
定　　价　58.00 元

---

服务热线　0551-63533706
销售热线　0551-63533761
官方直营书店（https://hsss.tmall.com）

# 总　序

近年来，“非遗热”在全国各地悄然兴起。其中，徽州非物质文化遗产（简称“非遗”）因其类型多样，丰富多彩，更是备受社会各界关注，每年新增的徽州非遗项目和代表性传承人名单屡见报端、互联网，“非遗活动日”亦是嘉宾云集，热闹非凡。然而，反观徽州非遗的学术研究则略显冷清，不仅研究进展较为缓慢，有分量的学术专著也鲜有问世。究其原因，主要是遗存的徽州非遗文献资料较少，缺乏进行深入研究的条件。文献资料的匮乏几乎成为制约徽州非物质文化遗产研究的瓶颈。

学术界先贤王国维说：“古来新学问起，大都由于新发现。”徽学研究成为一门显学，原因就在于数十万件明清徽州契约文书的发现，这些契约文书资料已成为支撑徽学繁盛的重要基础。由此，我们不由得追问，徽州非遗研究的新发现、新材料是什么？又怎样去发现、搜集这些新材料？在多年田野调查和理论研究的基础上，我们深切地体会到，徽州非遗传承人口述史很有可能就是非遗研究“新学问”所需要的“新发现”。基于这样的考虑，我们自 2015 年开始，就着手谋划徽州非遗传承人口述史的研究，希望以此为突破口，推动徽州非遗研究的深入。

我们之所以选择徽州非遗传承人口述史作为研究方向，原因有三。一是黄山市各级各类徽州非遗传承人数量众多。据 2019 年统计，在黄山市的各级传承人中，共有国家级非遗传承人 33 人，省级 154 人，市级 479 人，位列安徽省各地市第一位。这些非遗传承人长期从事非遗项目的传承和实践工作，熟练掌握非物质文化遗产项目最核心、最关键的“知识和核心技艺”。毫无疑问，非遗传承人所掌握的“知识和核心技艺”，正是我们研究徽州非物质文化遗产所需要的珍贵资料。二是我们工作、生活于黄山市，开展徽州非遗传承人口述史研究，具有交通便利、熟悉方言等得天独厚的条件。三是冯骥才等文化学者十多年的非遗传承人口述史实践已经证明，传承人口述史“对于非物质文化遗产的挖掘与存录有着不可替代的功能和意义”。采用传承人口述史这种方式最适合挖掘和记录传承人的记忆与经验，“并把这些无形的、不确定的内容转化为有形的、确切的和可靠的记录”。

现在摆在读者面前的这几本著作，正是我们研究团队多年耕耘的成果。这批成果的第一个特点是，选择的非遗传承人具有一定的代表性和典型性。他们有的是国家级非遗传承人，有的是省级非遗传承人，他们同时也是非遗企业的相关负责人，在他们所经营的行业中有较高的社会影响力。第二个特点是，收集了系统完整的非遗传承人口述史资料，具有学术积累的意义。几位作者用了大量时间进行了较为细致的访谈和田野调查，尽可能地收集了传承人的家庭生活、学徒学艺、技艺传承等文字和图片信息，并通过口述史的形式，较为全面地展现了非遗传承人的学艺史、经营史、生活史。这些系统完整的资料，是非遗传承人研究，乃至于非遗研究不可多得的第一手资料，势必能为后续的学术研究打下基础。第三个特点是，注重传承人口述史若干具体问题的研究。这样的研究既表现为作者对编写体例、篇章结构的精心研究，也表现为对时间、地点、人物等基础性问题的考证，还体现在作者对非遗传承人职业生涯的综合考察、传承人技艺流派的梳理，以及非遗传承人口述史意义和价值的研究等。

徽州非遗传承人口述史研究目前尚处于起步阶段。因此，我们衷心地期待有更多的学者加入我们的研究队伍，共同研究徽州非遗传承人口述史，进一步推动徽州非物质文化遗产研究的繁荣发展。

是为序。

马勇虎

2020 年 2 月 28 日于屯溪

# 目　录

## 第五章
## 传承文化

# 绪 论

## 一、曹阶铭的砚雕职业生涯

“一生痴绝处，无梦到徽州。”[①] 明代戏曲家、文学家汤显祖留下的千古绝唱中的徽州，包括历史上的歙县、黟县、休宁、祁门、绩溪、婺源，即徽州一府六县。清蒋升《皇朝直省府厅州县歌括》记载：“徽州府在省极南，所辖六县歙为首。”歙县自秦建置以来，历为郡、州、路、府所在地，是古徽州政治、经济和文化中心。这里，秀丽山水与古朴建筑交融，步入歙县，既仿佛踏入清丽的山水画廊，又仿佛走进

① 全诗为“欲识金银气，多从黄白游。一生痴绝处，无梦到徽州”。这是明代戏剧家汤显祖留下的千古绝唱，意思是一辈子想去人间仙境，可做梦也没梦到人间仙境原来在徽州。也就是说，徽州之美是人的想象力抵达不到的地方。事实上，诗一开头就把徽州描述成一个充满铜臭味的地方：要沾财气，多半得到黄山、白岳之间的徽州去。这也许还真符合当时的社会现实，因为明清时期徽商名满天下，富可敌国，徽州自然是个令人羡慕的流金之地。

汤显祖（1550—1616），明代戏曲家、文学家。字义仍，号海若、若士、清远道人。江西临川人。汤氏祖籍临川县云山乡，后迁居汤家山（今抚州市）。出身书香门第，早有才名，不仅于古文诗词颇精，而且通天文地理、医药卜筮诸书。34岁中进士，先后任太常寺博士、詹事府主簿和礼部祠祭司主事。明万历十九年（1591），他目睹当时官僚腐败，愤而上《论辅臣科臣疏》，触怒了皇帝，而被贬为徐闻典史，后调任浙江遂昌县知县，一任五年，政绩斐然，却因压制豪强，触怒权贵，而招致上司的非议和地方势力的反对，终于在万历二十六年（1598）愤而弃官归里。家居期间，一方面希望有“起报知遇”之日，一方面却又指望“朝廷有威风之臣，郡邑无饿虎之吏，吟咏升平，每年添一卷诗足矣”。后逐渐打消仕进之念，潜心于戏剧及诗词创作。在汤显祖多方面的成就中，以戏曲创作为最，其戏剧作品《牡丹亭》《紫钗记》《南柯记》和《邯郸记》合称“临川四梦”，其中《牡丹亭》是他的代表作。这些剧作不但为中国人民所喜爱，而且已传播到英、日、德、俄等很多国家，被视为世界戏剧艺术的珍品。

古典建筑艺术的博物馆。这是一块人杰地灵之地。遍布于歙县城镇乡村的徽派艺术，是千百年来徽州工匠手口相传技艺薪火的体现。徽州工匠在辛勤的劳动中不但创造了徽州文化，而且创造了无数的精美艺术品，文房四宝中的徽墨和歙砚就出自徽州工匠之手。

在歙县，有一位普通的工匠，他是无数徽州工匠中的一员，而他又是位不平凡的工匠。他亲手制作出无数歙砚精品，他一生痴情于歙砚雕刻，他人生中最美好的时光都在精雕歙砚。他在坚守，他在传承，他说自己就是一块“石头”。他就是中国当代著名砚雕艺术家，国家级非物质文化遗产项目“歙砚制作技艺”的代表性传承人，高级传统工艺师，中华传统工艺大师曹阶铭。

曹阶铭，1954 年 12 月 5 日出生于安徽省歙县徽城镇，是第一批国家级非物质文化遗产项目“歙砚制作技艺”代表性传承人，徽州民

曹阶铭工作照

间工艺师，现任中国歙砚研究所副所长、安徽省歙砚厂副厂长。他自幼喜欢书画艺术，1973 年通过招工进入安徽省歙县工艺厂（安徽省歙砚厂）从事歙砚雕刻工作，师从砚雕名家汪律森[①]，与方建成[②]为同门师兄弟，受汪律森嫡传，深得歙砚雕刻技艺真谛，潜心研究砚雕技术，形成了个人独特的艺术风格，作品精细，刀法刚劲，线条流畅。他的主要代表作有《东坡赤壁游砚》《唐模小西湖砚》《歙州竹砚》《松月砚》《兰亭砚》等。

从事歙砚雕刻工作 40 多年，曹阶铭亲手制砚数千方，多次代表国家、部委、省委参加国内外工艺美术展览，并获奖。他制作的仿古歙砚作品，被日本名流竞相收藏。很多相关书籍都有关于他的介绍，如《中国安徽文房四宝》曾称他为砚雕业中脱颖而出的新秀，《歙砚志》也有关于他的专门介绍。[③]

曹阶铭潜心研究砚雕技术，拥有丰富的实践经验和深厚的艺术修养，成果显著，在歙砚雕刻行业具有很大的影响力，还为传承歙砚制作技艺培养了数十名砚雕人才。2007 年 6 月 5 日，在文化部正式公布的《第一批国家级非物质文化遗产项目代表性传承人名单》中，安徽省国家级非遗项目——歙砚制作技艺传承人曹阶铭入选。他成为该项目首位国家级传承人。

---

① 汪律森，祖籍江西婺源。善制仿古砚。曾祖父汪桂亮、祖父汪培玉都是歙砚雕刻名工，可谓砚雕世家。代表作有《历代砚式》《仿古鼎式砚》《九龟荷叶砚》。歙县二轻局专志编写组：《歙砚志》，安徽省歙县印刷厂（内部发行）1986 年版，第 33 页；歙县地方志编纂委员会：《歙县志 · 文房四宝：名工 · 名砚》上册，黄山书社 2010 年版，第 636 页。

② 方建成，又名见尘，歙县人，工艺美术师。天资聪慧，博采众长，是老艺人汪律森的嫡传弟子。几十年的砚雕实践，逐渐形成自己的风格，作品注重意境，拙中藏巧，神形兼备，深受当代书画界的器重。代表作有《嫦娥奔月》《云水拱月》《黄山图巨砚》。歙县二轻局专志编写组：《歙砚志》，安徽省歙县印刷厂（内部发行）1986年版，第 33 页；歙县地方志编纂委员会：《歙县志 · 文房四宝：名工 · 名砚》上册，黄山书社 2010 年版，第 636 页。

③ 穆孝天、李明回：《中国安徽文房四宝》，安徽科学技术出版社 1983 年版，第 149 页；歙县二轻局专志编写组：《歙砚志》，安徽省歙县印刷厂（内部发行）1986 年版，第 33 ~ 34 页。

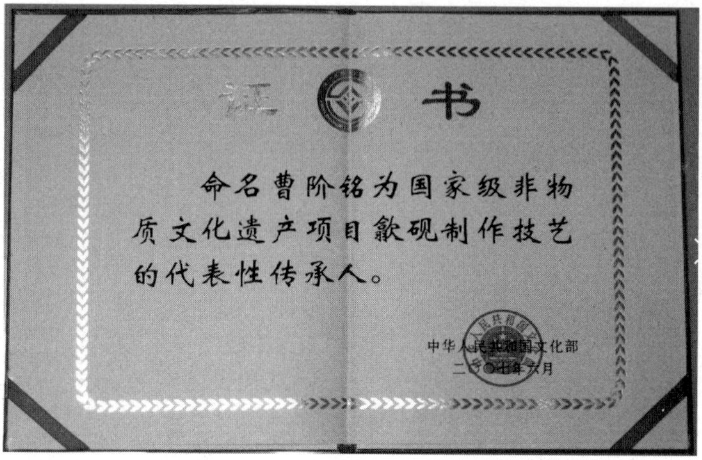


曹阶铭“国家级非物质文化遗产项目歙砚制作技艺的代表性传承人”证书

以时间为顺序，曹阶铭40多年的砚雕职业生涯，大致可以分为以下三个阶段：

### （一）步入砚雕行业，潜心制砚成名（1973—1999）

曹阶铭的爷爷新中国成立前在浙江金华从事丝绸、布匹生意，生意经营得非常不错，后来在歙县县城开办了一家印刷厂。新中国成立后，曹阶铭因受家庭环境的影响，初中只读了一年就失学在家，并开始自学绘画和木雕，由于刻苦用功，很快就具有了一定的绘画和雕刻基础。曹阶铭的父亲当时在歙县印刷厂当排版工，排版本身具有一定的艺术性，其间曹阶铭跟随父亲学习过一段时间排版，由此曹阶铭在艺术鉴赏方面受到了一定的启发。由于做事认真，勤于思考，还有绘画和排版能力，失学在家的曹阶铭被街道居委会临时聘用，负责街道黑板报的设计及文字工作。

20世纪60年代，按照周恩来总理关于要充分挖掘传统文化技艺遗产，为国民经济排忧解难，为国家创收的指示精神，安徽省指示徽州地区开发徽墨、歙砚两项传统工艺产品。1964年1月，歙县成立歙砚砖雕生产合作社，分散在农村的砚工纷纷归队，同时合作社还吸收了一大批美术爱好者成为社员。当时，只能请一些砖雕老艺人尝试制作砚雕，同时专门组织一批人赴婺源龙尾山开采砚矿。第一批产品送到上海请书画家们进行鉴定，反馈回来的意见是，砚料好，但雕工粗糙。“文革”开始后，歙砚停止生产。1971年歙砚厂再次恢复生产①，并在社会上招收具有绘画功底的工人。1973年，19岁的曹阶铭在街道居委会的推荐下，进入歙县工艺厂，成为一名砚雕合同工，从此开启了他的砚雕职业生涯。

进入工艺厂后，曹阶铭拜汪律森为师，同时也得到汪律森弟子方建成的指导，认真学艺，潜心研究歙砚的制作。由于勤于思考，肯下苦功，他很快出师，能够独立完成整个歙砚的制作，成为砚工新秀。②1982年，歙砚厂成立设计组。1983年，曹阶铭担任歙砚设计组副组长，主持就形砚③设计。他在继承传统雕刻的基础上不断创新，积极开发新品种，取得了丰硕成果。

---

① 歙县二轻局专志编写组：《歙砚志》，安徽省歙县印刷厂（内部发行）1986年版，第46～47页。

② 穆孝天、李明回：《中国安徽文房四宝》，安徽科学技术出版社1983年版，第149页；歙县二轻局专志编写组：《歙砚志》，安徽省歙县印刷厂（内部发行）1986年版，第33～34页。

③ 就形砚，也叫“随形砚”。宋代苏东坡曾倡导“尝得石，不加斧凿以为砚，后人寻岩石自然平整者效之”，这指的就是随形砚。但是，明清时期才是随形砚的大发展时期，这时出现了很多精品。随形砚，是根据砚石的自然形态进行设计制作的。但随形并不是随意，不是每一块砚石都能制作成随形砚，它必须符合审美的意味，必须符合观赏的情趣。对于随形砚的形式，在设计时不可草率随意，而应认真对待，既要发挥随形的优势，更要彰显美的形式。胡中泰：《歙砚：雕刻技艺与鉴别收藏》，中国友谊出版社2015年版，第235页。

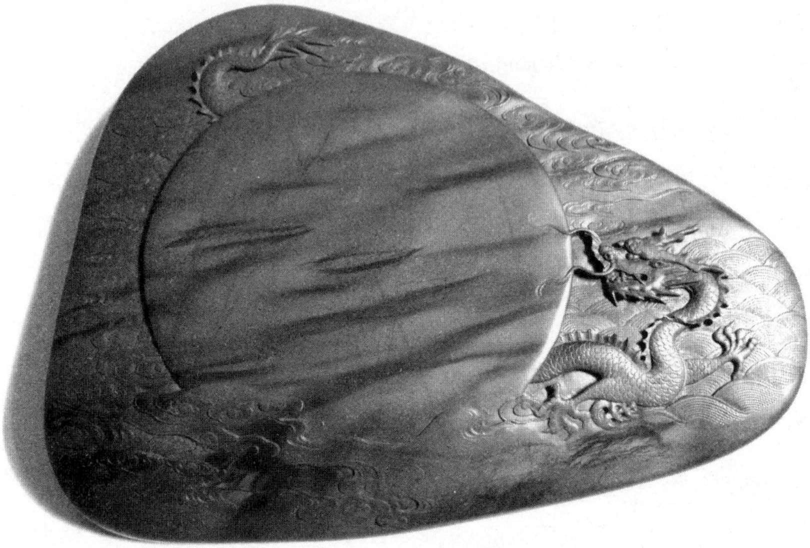

曹阶铭就形砚作品《龙砚》

到了1988年，改革开放逐步深入，歙砚市场也相应呈现出繁荣的景象，对砚的品种要求增多，消费市场扩大，写意山水作品开始兴盛，同时仿古作品依然受青睐。这个时期，歙砚出口增多，尤其在日本市场，仿古砚收藏一直很热。为了适应市场需求，各种风格的歙砚开始推向市场，歙砚风格开始由以仿古为主向现代风格转变。这个时期，曹阶铭的作品已形成个人独特的艺术风格，作品精细，刀法刚劲，线条流畅。在现代砚的制作上，曹阶铭开创了写意山水、花鸟为主题的歙砚作品，同时在雕刻技法上综合运用了浅浮雕、圆雕，甚至砚雕中非常少见的镂空雕来体现自己的绝美构思。在长期的艺术实践中，他博采众长，悉心探索，坚持创新，形成了自己的独特风格：作品设计布局得体，尺幅千里；造型高雅，跌宕遒丽；刀法刚劲，铁画银钩；线条流畅，挥洒自如。无论山水、人物、花鸟、鱼虫，皆涉笔成趣，丰筋多力。其代表作《东坡赤壁游砚》《唐模小西湖砚》《歙州竹砚》《松月砚》《兰亭砚》等都是在仿古砚的基础上，结合扎实的美术功底进行创作的，曹阶铭的作品曾多次参加国内外工艺美术展览，并屡屡获奖。

### （二）企业改制，职业生涯再启程（1999—2006）

20世纪90年代初，歙砚外贸出口量大幅下滑，国内歙砚消费市场也不景气，歙砚厂经济效益降低，歙砚生产开始走向低迷。20世纪90年代末，歙县国有企业改制全面展开。2000年歙县人民政府下发了《关于加快和深化国有企业改革的若干指导意见》（歙政〔2000〕23号），2001年歙县县委下发了《关于进一步加大深化企业改革工作力度的通知》（歙办发〔2001〕92号），指导进一步加快国有企业改革步伐。[①]1999年歙县工艺厂被歙县老胡开文徽墨厂合并，名称仍沿用歙县工艺厂。1999年6月原歙县工艺厂解散，歙砚厂的两百多名制砚工人，只有十几人到徽墨厂上班，其他制砚工人有的改行，还有一部分人流向市场，做个体歙砚生意。

企业改制前后的这段时间，不但是歙砚生产的低潮期，也是曹阶铭职业生涯的低潮期。他看着自己工作了近三十年的企业不复存在，自己一身的技术失去了施展的平台，内心的痛苦、失落、迷茫是常人难以体会的。随着国家鼓励私营经济的发展，社会上出现了很多从事

① 歙县地方志编纂委员会：《歙县志》上册，黄山书社2010年版，第396页。

安徽歙砚厂（歙县工艺厂）

制砚车间

歙砚经营的个体户。由于曹阶铭在行业里的技术水平和名气，很多经营歙砚生意的人找到曹阶铭，花高薪聘请他，开出的条件是不用亲手制作歙砚，只是做个顾问，但曹阶铭不为所动。这个时候老胡开文墨厂厂长周美洪[①]找到曹阶铭，希望聘任他到厂里负责歙砚生产，曹阶铭欣然同意。到了新厂，曹阶铭在没有制砚厂房、没有工人的情况下，迅速开辟出生产车间，并想办法把老歙砚厂的一些工人召集来，让歙砚生产在新的歙砚厂重新开始。这一时期是曹阶铭职业生涯的再启程，也是他职业生涯的鼎盛阶段，曹阶铭不但有大量的经典作品问世，将歙砚制作技艺推向了一个新的高度，而且带领他的团队，使歙县工艺厂始终居于全国歙砚业务的旗舰地位，为歙砚传承守住了一块阵地。

### （三）非遗传承人，坚守与传承（2007 年至今）

2006 年千年歙砚制作技艺迎来了新的历史发展机遇，其标志就是联合国《保护非物质文化遗产公约》的生效。2003 年 10 月《保护非物质文化遗产公约》在联合国教科文组织第 32 届大会上通过，旨在保护以传统、口头表述、节庆礼仪、手工技能、音乐、舞蹈等为代表的非物质文化遗产。《保护非物质文化遗产公约》于 2006 年 4 月生效，中国于 2004 年 8 月加入该公约。

---

① 周美洪，安徽绩溪人，第一批国家级非物质文化遗产项目徽墨制作技艺代表性传承人，徽州民间工艺师。周美洪从小接触徽墨，受其父嫡传，深得墨法真谛，技艺精益求精。1979 年进入老胡开文墨厂从事制墨工作；1983 年徽墨研究所成立后，开始研究、继承徽墨制作技艺，努力达到“拈来轻，磨来清，嗅来馨，坚如玉，研无声，一点如漆，万载求真”的制墨准则。1992 年他亲自指导制作的歙砚、徽墨作为礼品赠送给在上海出席海峡两岸经贸合作会议的与会代表，深受好评。1993 年主持制定观赏墨、收藏墨行业标准，填补我国墨业产品标准的空白。 现为安徽省歙县老胡开文墨厂厂长。

《保护非物质文化遗产公约》对非物质文化遗产进行了定义。非物质文化遗产又称“口头遗产”或“无形遗产”，是相对于有形遗产即可传承的物质遗产而言的。根据联合国教科文组织的定义，它是指“来自某一文化社区的全部创作，这些创作以传统为根据，由某一群体或一些个体所表达，并被认为是符合社区期望的作为其文化和社会特性的表达形式，其准则和价值通过模仿或其他方式口头相传”，包括各种类型的民族传统和民间知识，各种语言，口头文学，风俗习惯，民族民间的音乐、舞蹈、礼仪、手工艺、传统医学、建筑术以及其他艺术。

2011 年 2 月 25 日《中华人民共和国非物质文化遗产法》由中华人民共和国第十一届全国人民代表大会常务委员会第十九次会议通过，2011 年 6 月 1 日起施行。

依据《保护非物质文化遗产公约》和《中华人民共和国非物质文化遗产法》，歙砚制作技艺均属于被保护的手工艺类，被认定为非物质文化遗产。

2006 年 5 月 20 日，歙砚制作技艺经国务院批准被列入《第一批国家级非物质文化遗产名录》。2007 年 6 月 5 日，经文化部确定，安徽省歙县的曹阶铭成为该文化遗产项目代表性传承人，并被列入《第一批国家级非物质文化遗产项目代表性传承人名单》。

曹阶铭被评为歙砚制作技艺国家级非遗传承人，既是对徽州砚雕工匠劳动的肯定，也是对歙砚制作技艺的保护，为今后砚雕制作技艺的传承发展起到了非常大的促进作用。保护非物质文化遗产，最核心、最关键、最要害的环节就是保护传承人，以保证非物质文化遗产的有效传承、当代传承、代代传承。传承人和人的传承，是非物质文化遗产保护的重中之重，也是它的起点和归宿。[①]

---

① 冯骥才主编：《传承人口述史方法论研究》，华文出版社 2016 年版，第 3 页。

在曹阶铭的砚雕职业生涯中，国家级传承人的头衔既意味着荣誉，也是一份责任和担当。随着经济社会的发展，在老一代制砚工人慢慢老去，又极少有年轻人愿意把制砚当成谋生依托的情况下，传承人的保护对于歙砚制作技艺的传承就显得尤为重要。在制砚这个行业，要成为一名合格的制砚工，从十几岁开始学艺，到熟练掌握制砚技能，能够独立制砚，往往已经人到中年。制砚工最黄金的年龄也就不到十年的时间，这对于年轻人来说，是无法承受之重。在这样的社会大背景下，如何将歙砚制作技艺传承下去，是摆在传承人曹阶铭眼前的现实问题。

如果说以前在歙砚厂，曹阶铭带徒传授技艺是一项工作任务，现在带徒则是肩负着传承文化的责任。近年来，曹阶铭工作重点主要有两个：一是在歙砚厂带徒，传授砚雕技艺，培养制砚人才，并按照文化部门非遗传承人传习要求，在歙县非物质文化遗产传习基地——安徽省行知中学工艺美术班教授歙砚的制作方法和理论知识。这些年来，曹阶铭培养出数十名砚雕优秀人才，这些人都成为歙砚制作能手，而且很多人成为省、市、县级歙砚制作非物质文化遗产传承人。二是积极参加各类非遗传习文化活动，进一步提升歙砚知名度，大力宣传歙砚文化。2008 年参加北京奥运会期间举办的中国非物质文化遗产传承技艺展演，2009 年参加北京、成都、浙江、安徽等地举办的非遗展示活动，2010 年参加上海世博会“中国非物质文化遗产百名工艺美术大师·巧夺天工”技艺大展，2012 年参加首届中国（黄山）非物质文化遗产传统技艺展，2018 年受中央电视台邀请，携带歙砚作品《天下大安》《举杯邀明月》《万事如意》参加元宵晚会。

现已过花甲之年的曹阶铭始终没有停下脚步，仍然每天手捧砚石在思考着、雕琢着，他想让歙砚这徽州艺术之花，开遍祖国的大江南北和世界各地。[①]

曹阶铭（左）参加 2018 年中央电视台元宵晚会

曹阶铭在 2018 年中央电视台元宵晚会上展示的作品

---

① 方卫星：《徽州技艺 · 歙县卷》，合肥工业大学出版社 2014 年版，第 135 页。

## 二、曹阶铭口述史的意义

非物质文化遗产最大的特点是不脱离民族特殊的生活、生产方式，是民族个性、民族审美习惯的活的显现。它依托于人本身而存在，以声音、形象和技艺为表现手段，并以手口相传作为文化链而得以延续。正是这种口口相传的文化形式，决定了传承人的关键地位，非物质文化遗产传承人是一个掌握独门绝技的个体。非物质文化遗产是保存在传承人的记忆和经验里的，传承人是各种非物质文化遗产记忆的载体。传承人口述史工作，实际上是非遗保护工作的关键点。口述史不同于作品制作、作品、技艺，它是传承人的生活史、技艺史，是口述的经验、智慧、悟性，是对传承人的技艺之所以成为技艺的解读，是自我的分析，是传承的来龙去脉。现代口述历史先驱、英国社会学家保罗·汤普森（Paul Thompson）教授结合自身研究经验，提出了几点口述历史及其教育如此重要的原因。他说，口述历史给了孩子们、学生们或者说年轻人，一个理解过去发生的事情的机会。①

### （一）歙砚制作技艺保护的关键在于传承人

歙砚雕刻技艺作为非物质文化遗产，是具有重要价值的文化资源，也是历史的真实见证。随着科技的进步及现代科学技术在传统手工艺生产上的广泛应用，机器雕刻技术在歙砚制作中开始出现。加之年轻人从事歙砚制作的越来越少，歙砚雕刻这种传统手工艺的传承受到了很大的冲击，歙砚制作技艺的原生性面临失传的可能。人在艺在，人亡艺绝。传承人是非物质文化遗产的主体，也是非物质文化遗产是否

---

① 向云驹：《记录传承人口述史十万火急》，《光明日报》2018 年 6 月 30 日，第 5 版。

濒危的检验标准。有生动的、活跃的、可持续的传承和传承人，它就不会濒危，相反则濒危。解决传承人问题，就是解决濒危问题。毫无疑问，传承人问题是整个非物质文化遗产保护、传承、弘扬、发展的关键所在。[①]

曹阶铭是第一位歙砚制作技艺国家级非物质文化遗产项目代表性传承人，他的大半生都在从事歙砚制作。他不但接受过老一辈杰出制砚人的悉心教诲，也在长期的制砚实践中形成了自己独特的风格，同时竭尽全力地传承制砚技艺。曹阶铭师从砚雕名家汪律森，汪律森曾祖父汪桂亮、祖父汪培玉都是砚雕名工，汪桂亮在清同治年间（1862—1874）就是著名的砚雕大师。曹阶铭从 1985 年开始带徒传授制砚技艺，并延续至今。因而，曹阶铭在歙砚制作技艺传承中具有非常清晰的传承脉络和谱系，他所传承的歙砚制作技艺原生性非常强。

从 1964 年 1 月歙砚生产合作社成立，分散在农村的制砚工人纷纷回到歙砚生产合作社，到 1971 年歙砚厂再次恢复生产，从社会上招聘优秀制砚工人，歙县制砚人才几乎都被歙砚厂招揽，歙砚制作技艺保护、发展、创新、传承在这里得到完整的体现。事实上通过田野调查考证，歙砚厂是现代歙砚制作流派主要发源地之一。曹阶铭自幼学习制砚，同时作为歙砚厂制砚工人中的一员，是歙砚传承发展的一个亲历者，也是一个见证者，更是一个优秀的非遗传承人。优秀的文化传承人就是一座馆藏丰富而珍贵的博物馆。[②] 对曹阶铭进行歙砚制作技艺传承的口述史记录，是为了解决歙砚制作技艺因行为性、口头性而无法被记录的问题，这既是对传承人价值的肯定，也是对非物质文化遗产的保护。事实证明，为传承人做口述史是保护非物质文化遗

① 冯骥才主编：《传承人口述史方法论研究》，华文出版社 2016 年版，第 5 页。
② 冯骥才主编：《传承人口述史方法论研究》，华文出版社 2016 年版，第 6 页。

产最得力、最有效、最得益的工作之一。[①]

通过记录曹阶铭口述歙砚制作技艺传承工作，我们才能真正理解他所传承的非物质文化遗产，并获得这种遗产最有价值的第一手资料，同时真正理解歙砚制作技艺的精髓所在。事实上，曹阶铭口述史的写作，既是保护传承人的体现，也是歙砚制作技艺保护传承工作的关键所在。

### （二）曹阶铭是歙砚制作记忆与技艺的载体

非物质文化遗产是保存在传承人的记忆和技艺里的，非物质文化遗产传承人所传承的文化，是建立在其生活中的认知与实践的基础上的。记录传承人生活和工作的经历是传承文化的一种重要方式。

曹阶铭口述的内容主要是对歙砚制作技艺的叙述。根据本书体例安排，曹阶铭口述内容包括以下几个部分：第一，在大的时代背景下，幼年时期家庭生活状况，以及因受家庭影响失学在家，只能在家自学绘画和木雕。因为有绘画功底和雕刻基础，进入歙砚制作这个行业，成为一名制砚青工。在歙砚厂，这个歙砚制作工匠高度集中的地方，拜师学艺，学成出师。第二，五个被业界认可的代表作品的介绍。曹阶铭在歙砚厂从事制砚的几十年，历经歙砚制作技艺、造型、风格由传统到现代的创新发展，这些都集中体现在其代表作品中。第三，歙砚制作的具体步骤。一方歙砚的制成，要经过选料、制坯、设计、雕刻等复杂流程，从具体步骤中反映时代发展对歙砚制作的影响。第四，歙砚厂改制对歙砚制作技艺以及传承人的影响。歙砚厂由红极一时到衰落破产改制的整个过程，曹阶铭都是亲历者和见证者。歙砚厂改制对歙砚传承发展的影响是深刻的，对传承人的影响更是深层次的。第

---

① 冯骥才主编：《传承人口述史方法论研究》，华文出版社 2016 年版，第 8 页。

五，成为非遗传承人后的责任与思考。曹阶铭成为国家级歙砚制作技艺传承人，承担着传承歙砚制作技艺的责任，同时对于歙砚制作技艺今后的发展有着深入的思考。

上述内容虽然都是曹阶铭个人人生的经历及工作过程，但这绝不仅仅是他个人的记忆，任何人的人生都是历史长河中的一部分，个人的记忆一定是集体记忆的碎片，同时也是社会记忆的反映，曹阶铭口述的内容中包含着清晰的歙砚制作技艺的传承脉络。从曹阶铭的口述中，我们可以看到一个传统技艺传承人的个人记忆的全部。个人记忆可以提供人类生活的丰富数据和信息，是包括历史信息在内的广义的人文资源，是尚未被认知、未被勘探、未经确认的人类非物质文化遗产。[①]

曹阶铭口述的每一部分内容都具有不可替代性，都是发生在他身上的经历，这种记忆形成是无法摆脱时代和社会的大背景的。这些口述内容都体现出歙砚制作技艺在特定的历史时期的发展状况，将这些特定历史时期歙砚制作技艺演进的脉络进行科学严谨的考证梳理，并记录下来，我们就可以了解歙砚制作技艺的传承发展。

歙砚制作技艺这种非物质文化遗产，是通过传承人的行为示范、口头语言、经验习得进行传承的。在传承的过程中，又形成了传承人独特的文化记忆，这些记忆则承载着歙砚制作的技艺。记录曹阶铭对自己歙砚制作历史的回忆，可以了解歙砚制作技艺的发展，并向世人展现非物质文化遗产传承的历史踪迹。

### （三）曹阶铭口述史是歙砚制作知识的再生产与文化的传承

歙砚制作技艺是徽州地区传统手工艺的重要组成部分，是在劳动

---

① 陈墨：《口述史学研究：多学科视角》，人民出版社 2015 年版，第 11 页。

中以口传心授的方式积累的实践经验，是徽州砚雕工匠一代又一代将生活智慧凝结成文化传承下来的。通过传承人口述这种方式，搜集整理歙砚制作技艺，是民间文化传承与保护的重要一环。

人类社会在发展过程中，通过各种方式将已获得的知识传承至后世，其中口头表达是重要的知识传承方式之一。[①] 歙砚从一种实用书写用具，逐渐演变为兼具实用性的艺术品，在漫长的历史演进中，已经成为一种地域文化符号。

知识生产是指人们在实践的基础上，通过脑力劳动创造出新知识（包括知识形态的科学技术）的过程。它是在已有知识的基础上发现新知识的过程。歙砚制作过程中形成、积累以及发展的知识，通过制砚工匠口传心授一代代延续至今，也是知识生产的过程。

歙砚制作技艺这种非物质文化遗产的传承离不开制砚知识的延续，否则这种文化的传承就失去了根源。歙砚制作具有很高的技巧性和知识性，只有通过专门的学习才能从事该工作。在歙砚制作的整个过程中，石料的选取、制坯、设计、雕刻，每一个环节、每一个步骤都是制砚知识生产运用的过程。一个典型的例子就是，在制砚中，一般情况下，制砚工匠都是将石料锯磨成规则的形状，要么圆形，要么方形，然后再进行设计。这种制砚思路在歙砚历史上，一直是制砚的主流，到了明清才开始出现根据砚石的自然形态，结合审美的意味和观赏的情趣，进行设计制作，制成品也就是随形砚（不规则形状）。曹阶铭在担任歙县工艺厂歙砚设计组副组长期间，专门从事就形砚的设计，根据石之形体纹色，巧妙布局，匠心独运，在继承传统雕刻的基础上不断创新，开发新品种，取得卓异的成果。[②]

---

① 冯骥才主编：《传承人口述史方法论研究》，华文出版社 2016 年版，第 8 页。
② 方卫星：《徽州技艺 · 歙县卷》，合肥工业大学出版社 2014 年版，第 84 页。

将口述内容通过文字的方式记录下来，形成文本，本身就是一种知识再生产过程。[①] 曹阶铭从事制砚工作已经有40多年，他口述的制砚经历，就是歙砚制作技艺发展的历史。这里面包含了歙砚制作技艺、造型、风格演进的完整过程，体现了歙砚制作技艺对传统的继承和向现代演变发展的创新，这是歙砚制作知识再生产的最好体现。通过整理记录曹阶铭对于歙砚制作技艺的实践体验的口述内容，是对歙砚制作技艺知识的再生产过程。

非遗来源于生活，非遗即生活。现代社会的发展，造成了很多非遗原生态的环境发生了不可逆转的变化，歙砚制作技艺也同样面临着这个问题。正是因为非遗赖以生存的生活环境、生活方式都发生了改变，所以非遗才会有失去存在载体的危险，面临传承的危机。传承人口述史是民间文化的重要内容，也是保护文化的一种方式。曹阶铭作为歙砚制作技艺非物质文化遗产传承人，他口述歙砚制作技艺，既是对非遗的传承，也是对文化的保护和传承。

### （四）曹阶铭口述史是对现有歙砚制作技艺研究的丰富和补充

歙砚是地域文化的载体，也是中华文化的体现，为世界文化和民族文化的进步和发展作出了贡献。关于歙砚及制作技艺的研究颇为丰富，大致分为以下三个阶段。

**第一个阶段：古代评鉴时期（唐玄宗开元至1777年）**

这个阶段是以对砚矿及砚石和砚的介绍为主，此阶段不具有学术研究性质，故将其定义为古代评鉴时期。时间段主要为，从唐玄宗开元（713—741）中叶发现婺源县龙尾山砚石开始制砚，到清朝

① 冯骥才主编：《传承人口述史方法论研究》，华文出版社2016年版，第147页。

乾隆丁酉（1777）前后，官方组织的最后一次较大规模采制龙尾砚石止。

五代陶谷在其所著《清异录》中记载，萧颖士一次到仓曹李韶家：“见歙砚颇良。既退，语同行者，君识此砚乎？盖三灾石也。”同行者问：“何谓三灾？”萧云：“字札不奇，砚一灾；文辞不佳，砚二灾；窗几狼藉，砚三灾。”[①]这是关于歙砚的第一份现存可查资料。

《歙县志》共列出民国前关于歙砚的文章41篇，以上古人所撰写文章，以宋代唐积所著《歙州砚谱》最具代表性。所有历史资料中，该书是最早也最详细记载歙砚的文献。该书从歙砚石的发现、砚石矿所在位置、砚石的开采、砚石的类别、砚制成后初次使用注意事项、砚上图案雕刻样式等方面详细介绍了歙砚，即书中所列采发、石坑、攻取、品目、修斫、名状、石病、道路、匠手、攻器十个部分。该著作是研究歙砚的珍贵历史文献，现代学者研究歙砚多引用该书。

北宋诗人、书法家黄庭坚在“陆不通车水不舟”的条件下，不畏艰险，拨雾穿云，越过崇山峻岭，到砚山进行歙砚石调查。诗人对龙尾山砚坑的交通、地理环境、当地居民状况、砚石品种、石质的品位及砚石开采情况作了形象的描绘，为后人留下了宝贵的资料，对歙砚石的研究和开发作出了贡献。

清乾隆五年（1740），徐毅编辑《歙砚辑考》一卷，对各地的砚石产地进行了调查研究，特别将四种名砚中的端溪砚石和歙砚石作了对比，对歙砚石的研究有诸多建树。

---

① 陶谷（903—970），本姓唐，字秀实，邠州新平（今陕西彬县）人，北宋大臣。《清异录》最早完成于五代末至北宋初，是中国古代文言琐事小说。其作为重要笔记，保存了中国文化史和社会史方面的很多重要史料，书中一半以上的条目被《辞源》和《汉语大词典》采录，其价值可见一斑。歙县二轻局专志编写组：《歙砚志》，安徽省歙县印刷厂（内部发行）1986年版，第1～2页。

**第二阶段：歙砚制作及研究没落期（1777年至新中国成立前）**

清歙县著名学者程瑶田在《纪砚》一文中说："乾隆丁酉夏五月，余从京师归于歙，时方采龙尾石琢砚，以供方物之贡。"既然是为了进贡而采石，看来规模不会太小。这是清代乾隆时歙砚石正规开采唯一有记载的一次。① 在此之前，从元末到清初大约三百年内，都没有正规地去开采歙砚石。

1910年左右，安徽军阀马联甲令婺源驻军为他开采砚石，由于不知砚史，又无百姓支持，除掘取一些残石外，并无收获。民国初年，歙砚生产濒临绝境。歙县剩下的最后一家砚店汪义兴（斋名"翰宝室"），只是从江西玉山购进石料，生产一些低档砚台，徒有歙砚之名，而无歙砚之实。到抗日战争期间，汪义兴砚店倒闭，砚雕艺人纷纷改换行当、离乡背井。②

从清朝嘉庆年间（1796—1820）一直到民国时期，鲜有关于歙砚及其制作工艺的文献资料。民国时期只有关于文物保护的法律法规文献。③ 南京国民政府于1930年6月7日公布《古物保存法》④。这一时期，由于时局动荡，经济社会发展受到严重破坏，加之现代书写工具的普及，歙砚作为书写必备工具在社会中或许还有存在，但是成

① 《歙砚志》记载，道光（1821—1850）时充贡之物唯砚与墨为最，每年三贡（春贡、万寿贡、年贡），每贡砚二份（六方者四匣、两方者两匣，共二十八方），歙县墨海二方。歙县二轻局专志编写组：《歙砚志》，安徽省歙县印刷厂（内部发行）1986年版，第4页。

② 歙县二轻局专志编写组：《歙砚志》，安徽省歙县印刷厂（内部发行）1986年版，第4～5页。

③ 北洋政府时期的文物保护《保存古物暂行办法》第五条规定，金石竹木、陶瓷锦绣、旧刻书帖及各种器物等，拟定由各省分别搜集，选择制作最精、著录最久、足资考证者，筹设保存分所，或附公共场所陈列，严格制定保管规则，酌量收取参观费。先将公家所有，萃集保管；对于私人所藏，若一时不能收买，则应设法取缔，以免私售外人。《内务部拟定保存古物暂行办法致各省长都统饬属遵行咨》，中国第二历史档案馆编：《中华民国史档案资料汇编》第三辑《文化》，江苏古籍出版社1994年版，第199页。

④ 《古物保存法》共分14条，对古物的范围、保存、登记、采掘、流通以及保管机构的组织等内容作了概括性规定。《古物保存法》规定，古物的范围系指"与考古学、历史学、古生物学及其他文化有关之一切古物而言"。《古物保存法》，中国第二历史档案馆编：《中华民国史档案资料汇编》第五辑《文化》，江苏古籍出版社1994年版，第609页。

规模的制作生产已经不存在，据《歙县志》歙县地区工业、手工业、商品出口数据显示，清代晚期及民国时期，一直到后来的社会主义改造时期，已经没有歙砚的记载。据此推断，清嘉庆至新中国成立后的社会主义改造时期，歙砚生产几乎绝迹，关于歙砚及其制作工艺的研究也和歙砚生产一样淡出人们的生活。

**第三个阶段：歙砚及制作技艺研究恢复期（新中国成立后至2006年）**

新中国成立后，中央对于恢复传统工艺品生产十分重视，1956年 3 月 4 日毛泽东在听取手工业管理局汇报手工业改造等情况时发表谈话说："手工业的各行各业都是做好事的。吃的、穿的、用的都有。还有工艺美术品，什么景泰蓝，什么'葡萄常五处女'的葡萄。还有烤鸭子可以技术出口。有些服务性行业，串街游乡，修修补补，王大娘补缸，这些人跑的地方多，见识很广。北京东晓市有六千多种产品。提醒你们，手工业中许多好东西，不要搞掉了。王麻子、张小泉的刀剪一万年也不要搞掉。我们民族好的东西，搞掉了的，一定都要来一个恢复，而且要搞得更好一些。提高工艺美术品的水平和保护民间老艺人的办法很好，赶快搞，要搞快一些。你们自己设立机构，开办学院，召集会议。"①

党的其他领导人也多次指出发展工艺品生产，增加出口，对支援社会主义建设的重要意义。1962 年，安徽省手工业局负责同志到歙县传达中央和省委关于恢复工艺品生产的规划，决定恢复歙砚生产。1963 年 2 月歙县手工业管理局组织了砚石探察小组，去婺源龙尾山寻找砚石，历时三个月，终于找到了金星、眉子、水波纹等砚石。5 月份试采，同年 10 月，第一方金星砚重新问世，停产近两百年的歙砚从此获得新生。1964 年 1 月歙砚砖雕生产合作社成立。②1964

---

① 中共中央文献研究室：《毛泽东文集》第七卷，人民出版社 1996 年版，第 12 页。

② 歙县二轻局专志编写组：《歙砚志》，安徽省歙县印刷厂（内部发行）1986 年版，第 46~47 页。

年 5 月，《安徽日报》报道了“安徽文房四宝之一歙砚恢复生产”的消息。①

安徽日報

AN HUI RI BAO

1964年5月17日 星期日

第4316号

我国制成第一台电阻式湿度計和自动钻孔摄影仪

小型手扶拖拉机小批生产

古巴中缝在昆明发行使社

# 阿布德主席抵京 數十万人夾道歡迎
# 劉少奇主席盛宴熱烈歡迎苏丹貴宾

刘主席周总理会见阿布德主席

面积扩大　布局集中　质量提高

# 全省棉花種得又多又好

播种計划已超额完成，比去年实收面积扩大二十九万余亩，早播的春棉大部份苗齐苗壮生长良好

安徽文房四宝之一
歙砚恢复生产

蕪专农民踊跃交售油菜

战胜阴雨　精心管理

我省超额完成烤烟育苗計划

部分社队已开始移栽春烟

1964 年 5 月 17 日《安徽日报》头版

---

① 歙县二轻局专志编写组：《歙砚志》，安徽省歙县印刷厂（内部发行）1986 年版，第 5 页。经考证，1964 年 5 月 17 日《安徽日报》头版刊登了歙砚恢复生产的消息，原标题是《安徽文房四宝之一歙砚恢复生产》。至于《歙砚志》以及一些书籍和文章所述“新华社报道歙砚恢复生产”的消息，均无据可查。在《安徽日报》的报道中，有两处与现存记载歙砚的资料相左：第一，报道中“停产已四十年的安徽文房四宝之一歙砚”，据此推断，歙砚生产停止时间是 1924 年，而《歙砚志》第 5 页记载：“民国初年，歙砚生产濒临绝境。歙县剩下的最后一家砚店汪义兴（斋名‘翰宝室’）……到抗日战争期间汪义兴砚店倒闭，砚雕艺人纷纷改换行当，离乡背井。”据此可知，此时间应该在 1937 年之后。第二，报道中“已在屯溪工艺厂恢复生产”，而从《歙砚志》第 46 ~ 47 页记载推断，歙砚恢复生产是在成立歙县歙砚砖雕生产合作社之时。以上两个问题还有待搜集第一手资料进行研究考证。

面积扩大 布局集中 质量提高

省棉花種得又多又好

播种計划已超額完成，比去年实收面积扩大二十九万余亩，早播的春棉大部份苗齐苗壮生长良好

各地的棉田一般都經过两犁两耙，有的达到四犁四耙。棉田底肥也施得多，沿江棉区一般施四十至五十担火粪作底肥，有的还施了餅肥、化肥。70%至80%的棉种都进行了粒选，播种前并經过晒种、溫湯浸种，部分地区并用西力生或666粉拌种，防治虫害。望江县播种的棉花，大部分是用打宕器点播的，做到宕底平，复土浅，播种均匀，大大提高了播种质量。

为了种足种好棉花，去冬今春各地为生产队培訓了大批种棉技术員。各重点产棉县还通过摆成績、找差距，大破自满思想，开展了比学赶帮竞賽，推广了許多先进經驗。蕪湖专区在棉花播种前，組織县、区和社、队領导干部，到浙江省慈谿县去学习先进經驗，对推动今年棉花播种工作起了很大作用。有关部門也調拨了大批化肥、农藥械、种子等，支援棉花播种工作。

现在，广大棉区社員在突击完成播种扫尾工作的同时，正抓紧查苗补苗、松土抽沟、防治虫害等苗期管理工作，力争棉苗出得齐，长得壮。

（綜合金传舜等来稿）

安徽文房四宝之一

歙砚恢复生产

屯溪訊 停产已四十年的安徽文房四宝之一歙砚，已在屯溪工艺厂恢复生产。新制的雕飾精致的产品，經过书画名家鉴賞，一部分已送往广州，作为我省工艺美术代表产品，參加“中国春季出口商品交易会”。

歙砚享有盛名已有近一千三百年历史。砚石质地細致匀密，潤滑而又坚硬，发墨力强；盖好砚盖后，墨汁不易干掉，也不易变味；加上雕飾上的艺术成就，历来都視为砚中珍品，宋朝书法家蔡襄（君謨）贊为“价値連城”。

歙砚砚石以取自邻近的江西省婺源县的“龙尾山”和“罗紋山”花石为上品，砚的形状因石形而取之，据历史文献記載，过去共有五品二十五种。去年，我省投資开采山石，恢复歙砚生产，现按照仿宋和仿明雕飾，制成了二品二十一个花色品种，其中价值較高的有：福寿金星、丹凤朝阳、五鶴朝阳、五福奉寿、臥牛飲水、凤头昆龙、龙口噴水和松鶴延年等。目前，正在計划設計现代图飾，使这砚中珍品散放出更加鮮艳的光采。

（馬自頤）

蕪专农民踊跃交售油菜籽

1964 年 5 月 17 日《安徽日报》报道歙砚恢复生产

歙砚恢复生产，出口创汇，为支持社会主义经济建设起到了重要的作用，其间虽历经坎坷，但是这为后来的学术研究奠定了基础。到 1978 年改革开放后，关于歙砚及制作工艺的研究逐渐恢复，并有了长足的发展。1986 年 10 月在歙县地方志办公室主持下，歙县第二轻工业局组织编著的《歙砚志》经过三年多的努力付印成书。该书虽是内部发行，但是该书从歙砚的沿革、歙砚石、砚雕、砚工、艺文、歙砚现状等全方位地对歙砚进行了详尽的阐述，并配有《古砚图谱》，这是新中国成立后难得的一本关于歙砚的文献资料，具有很高的学术价值。

这一时期关于歙砚石及制作技术的研究成果也相继出版。程明铭编著的《歙砚丛谈》（黄山书社 1991 年版）是一本关于歙砚的重要著作。程明铭先生是著名的砚石研究专家，中国地质画家协会成员，长期在歙县工作。程明铭不断进行歙砚石调查和地质学的研究，同时对歙砚石天然纹理成因进行了深入的研究。这本书从地质学家的角度研究了歙砚，同时又具有艺术性，其独特的视角、研究的科学性和艺术性，迄今为止都很难超越。鲍义来著的《徽州工艺》（安徽人民出版社 2005 年版）第二章对歙砚进行论述，内容包括歙砚石、歙砚矿、歙砚制作工艺流程以及歙砚收藏、歙砚鉴赏、砚铭、文人墨客对歙砚的赞咏等。

1987 年北京大学地质系郑辙教授和安徽歙砚厂杨震、汪永龙一起对歙砚砚石的矿物岩石学进行研究，并在《科学通报》发表了《中国歙砚的自磨刃发墨理论》一文。

中国近代地质学奠基人之一章鸿钊（1877—1951）在其《石雅》（初版于 1921 年）一书中提出“歙砚以安徽婺源龙尾石最有名”的论断。[①]

在歙砚研究恢复时期，这些研究成果为后来对歙砚的相关研究，奠定了基础。

**第四阶段：歙砚及制作工艺研究鼎盛期（2006 年至今）**

2006 年开始，歙砚及制作工艺的研究达到了鼎盛时期，其标志性事件就是联合国《保护非物质文化遗产公约》的生效。该公约旨在保护以传统、口头表述、节庆礼仪、手工技能、音乐、舞蹈等为代表的非物质文化遗产。我国于 2004 年 8 月加入该公约。2011 年《中华人民共和国非物质文化遗产法》通过并施行。依据《保护非物质文化遗产公约》和《中华人民共和国非物质文化遗产法》，歙砚制作技艺被作为手工艺类非物质文化遗产进行保护。

2006 年 5 月 20 日，歙砚制作技艺经国务院批准列入《第一批国

---

①章鸿钊：《石雅》，百花文艺出版社 2010 年版，第 234 页。

家级非物质文化遗产名录》。2007年6月5日，经文化部确定，安徽省歙县的曹阶铭为该文化遗产项目代表性传承人，并被列入《第一批国家级非物质文化遗产项目代表性传承人名单》。

随着歙砚制作技艺被列入国家级非物质文化遗产保护名录，关于歙砚及制作技艺的研究也兴盛起来。这期间代表性著作有程明铭著的《中国歙砚大观》（北京大学出版社2012年版），胡中泰著的《歙砚——雕刻技艺与鉴别收藏》（中国友谊出版公司2015年版），王刚的《文房四谱》（凤凰文艺出版社2017年版，该书是对宋朝苏易简《文房四谱》的注释及解读）。

上述关于歙砚及其制作技艺的研究，内容虽然多有重复，甚至不少是关于歙砚矿、歙砚石、歙砚鉴赏等相关知识的科普著作，但是这些研究为歙砚制作技艺的传承、保护和发展，起到了非常重要的作用，也为今后的研究打下良好的基础。在已有的关于歙砚及其制作技艺的研究中，还没有从传承人的角度进行专门研究的。非遗保护，非常重要的一个方面就是保护传承人，本书是以传承人口述史的方式，从传承人个人从事歙砚制作的经历，展示歙砚的兴衰发展，探索歙砚制作技艺传承保护的路径。这种研究方式，是在原有的研究成果基础上展开的，是对原有研究的创新、丰富与补充。

# 第一章 少年入行

# 一、我的家庭

2006年5月20日，我们歙县歙砚制作技艺经国务院批准被列入《第一批国家级非物质文化遗产名录》。2007年6月5日，经文化部确定，我又作为该文化遗产项目代表性传承人，入选《第一批国家级非物质文化遗产项目代表性传承人名单》。从这之后，我们古老的歙砚又迎来了发展的春天，歙砚又出名了。国家把歙砚制作技艺作为非物质文化遗产进行保护，这应该是国家开始对地方传统文化、对非物质文化遗产更加重视了。我作为非遗项目的第一批传承人，接受过《人民日报》、《南方都市报》、《黄山日报》、黄山电视台等多家媒体采访。之前的所有访谈，我都很少讲我的家庭情况，即使在有的访谈中讲过，也是简单带过。今天我想详细讲讲我的家庭，梳理下我走上歙砚制作这行的过程，我想这对非物质文化遗产保护会有所帮助。

我的祖籍就在歙县，1954年12月5日我出生在歙县县城，具体位置是徽城镇老街72-6号。我出生那年非常冷，后来我的父母亲跟我说，我出生的那一天，天寒地冻，就用火盆烤火，结果把地板烧了个洞。这个地板前几年还保存着，后来房屋装修的时候才把那个洞给补起来了。我的名字是我祖父取的，阶字辈。为什么用金字旁这个“铭”呢？听我母亲说，在我出生的时候，祖父给我算了一个命，算命先生说我命中缺金，所以就用了“铭”这个字。

我还有两个妹妹，我的父母都是普通的工人。父亲当时在歙县印刷厂上班，负责排版设计工作。我们家族成员中，祖祖辈辈，除了我，没有从事歙砚制作工作的。

我爷爷家庭背景有点复杂。我爷爷当时住在北乡富堨镇①的青山大队。我爷爷是做生意的，开始是做服装生意，做裁缝，后来改行经营印刷厂。1949 年前，他主要在浙江金华做生意，因为我爷爷能吃苦，加上非常勤俭，生意做得一直不错。用现在通俗的话来说，就是攒了不少钱。后来我爷爷看到印刷这一行很吃香，而且我们歙县当时还没有印刷厂，他就回来在歙县县城开了个印刷厂。我爷爷开办的这个印刷厂就是后来的国营歙县印刷厂。我大伯一家、我一家都跟着我爷爷在印刷厂上班，印刷厂算是个家族企业。1956 年歙县“三大改造”的时候，我们家的印刷厂也就变成公私合营的了。刚公私合营的时候我家还是有股份的，后来我家的股份全部取消，印刷厂完全国营。印刷厂公私合营后，我父亲，还有我大伯一家还留在厂里上班。在反“右倾”的时候，因为我父亲有抱怨，被打成坏分子，“文革”开始后，我父亲就被定为“五类分子”②。我父亲“五类分子”的身份对我后来的人生道路产生了非常大的影响。“文革”后期我父亲得到了平反。

---

① 歙县城北第一镇——富堨镇，位于歙县北郊，距县城 7 千米。水利资源丰富，富资河穿越镇域，丰乐北干渠和多条支渠横贯境内，驻地村头有一唐初修建的堨坝，流量较大，水源丰富，故名富堨。“堨”读 è，意为堤坝、灌溉田地的水渠。在歙县方言中，“堨”发 hè 音，意为拦住河流给土地灌溉。

② 五类分子，也叫“黑五类分子”，是“文革”“批改斗”阶段提出的。此阶段进行所谓“清理阶级队伍”，其主要目标是清理所谓混进革命队伍的叛徒、特务、走资派以及地、富、反、坏、右等“五类分子”。“五类分子”一词因此产生。何沁：《中华人民共和国史》，高等教育出版社 1999 年版，第 199 页。

我是1982年结的婚，1983年我女儿出生。我就一个女儿，女儿大学毕业后在苏州工作。我夫人1999年企业改制下岗后，就没再上班了，现在在家带外孙女。我夫人和我是同事，她也是歙县工艺厂的职工。我岳父也曾是歙县工艺厂的工人，他是制作砚盒的。那时国营企业盛行接班制，我夫人是1979年初中毕业接她父亲班进厂的。我们是在歙县工艺厂认识的，她刚进厂时在工艺厂油漆车间做歙砚木盒的油漆工作，后来调到雕刻车间，随王金生①学习歙砚木盒制作，做木雕、竹雕等工作。后来因工作需要，又调回到油漆车间，一直工作到企业改制。

谈我的家庭，我想表达的是，家风是一种文化。一个人生活成长的家庭环境，对一个人的性格形成起着重要作用。我的家庭对我的影响是非常大的，我爷爷对子女的要求非常严格，我父亲继承了我爷爷治家的传统，对我和妹妹要求也非常严格。我爷爷不论在经营布匹、丝绸生意期间，还是后来创办印刷厂，都始终秉承坚韧、敬业的徽州商人的工匠精神，这也成为我们家的传统。②这种家风不但对我的性格有非常大的影响，而且也影响着我做人做事的风格。我的性格比较内向，受家庭及长辈们的影响，我从来不会抱怨生活中遇到的坎坷，我只知道把自己的事情做好，并争取做到最好。我

---

① 王金生，1928年7月生，安徽歙县人，工艺美术师，第三批国家级非物质文化遗产项目徽州三雕（木雕）代表性传承人，荣获"中国工艺美术终身成就奖"。曾参与北京人民大会堂安徽馆的木雕雕刻，代表作有《黄山大观》《蓬莱仙境》《万寿山五百罗汉堂》《清明上河图》等。1966—1987年在安徽省黄山市歙县工艺厂工作，主要从事徽州木雕的研发、歙砚木盒的创作设计。

② 1979年版《辞海》对徽商的定义是："徽商，俗称'徽帮'。中国旧时安徽省徽州府籍的商人。"1989年版《辞海》对"徽商"词条的解释作了调整："徽商，俗称'徽帮'。徽州府（治歙县）籍商帮。"徽商在宋代逐渐形成，明清时其商业活动遍及全国，在长江中下游一带颇有势力，清末渐趋衰落。经营业务主要有盐、米、丝、茶、墨、木材、典当和对外贸易，其中以盐商、文具商和典当商最为有名。胡适曾把徽商比喻成"徽骆驼"。现代将徽商创业、处事以及信守诺言的精神概况为徽商精神。近年来，学者又把徽商精神与敬业、创新、精益求精的工匠精神相结合，提出徽商工匠精神。《辞海》，上海辞书出版社1989年版，第916页。

自从进入歙砚制作这个行业，大半辈子都在做歙砚。我一直以来想得最多的就是怎么把这个手艺做好，其他东西，我基本不去想。该得到的，自然属于你；不该你得的，不要去想。从我在歙砚厂负责生产，到现在我成为非遗传承人，我的责任就是将歙砚制作技艺传承好、发展好，思考如何让歙砚适应市场、适应时代的变化，让歙砚从传统走向现代。

我痴迷于制砚，从来没后悔过从事这个职业，即使在企业改制异常失落的时期也是如此。后来有人出高薪请我，我都没动摇过我的想法。我坚守我的内心，我认为，一个从事手工艺的人，坚守住自己的内心非常重要，否则是没办法坚持下去的。现在很多年轻人不愿意从事制砚工作，我觉得跟他们不能坚持有很大关系。2007 年，我被确定为歙砚制作技艺非物质文化遗产传承人后，深刻地认识到，这不单单是个人荣誉的问题，这是国家对我们徽州工匠的认可，是对徽州工匠价值的承认。我是非物质文化遗产传承人，我就有一份责任，我要担当起这份沉甸甸的责任。这些年来，我夫人和我女儿对我工作的支持是非常大的，只要我是为非遗传承做事，她们都大力支持我、帮助我。我想这应该是我的家庭对我的影响，这也是良好家风的传承吧。

## 二、少年生活

我这个年代的人，少年时代物质匮乏、经历坎坷，而精神生活却是丰富多彩的。我少年就经历了很多事情。少年的生活经历，对我从事歙砚制作有决定性的影响。我现在有时候常常在思考，我从事制砚工作难道是机缘巧合吗？事实上不是这样的，就像人们说的那样，机会总是留给有准备的人的。当然，我少年时期也不是单单为了从事制砚工作而做准备。在当时那个情况下，我是求学无门，又不能到处乱跑。为了生活，就要学门手艺，做事情挣工分[①]。如果没有少年时期艰苦的生活经历，我可能也不会走上制砚这条道路。以我家当时的家庭背景，我可能“子承父业”成为一个徽商，也有可能继续读书深造，成为一个歙砚制作工匠的可能性很小。

我在接受很多媒体采访的时候都会说，我的文化程度不高，事实上，我是在特殊的年代被耽误没能读到书。

参加工作以后，我感觉到自己的文化水平太低，不适应一些工作的需要和要求。1996 年，我就报了成人教育考试，在歙县县委党校读经济管理专业。在报考歙县党校那一年，我已经在管理工作岗位担任砚厂生产科科长。在工作中，我感觉到自己的文化知识水平与工作要求还有差距，在管理方面还有一些跟不上，所以就报考了经济管理专业。

彻底失学的时候我也就 15 岁左右。在我失学的那段时间，正赶上知识青年“上山下乡”运动大规模开展的高潮时期，我当时也被动员要求“上山下乡”。按照我家当时的成分，加上我既没有参军，也没有就业，是必须要“上山下乡”的。[②]街道的人来找我父母进行动员，我父母当然舍不得我走，就反复和街道的干部解释说我还小，另外两个女孩子更小，家里唯一的男孩子不能离得太远，并答应想办法安排我就业，我才没有“上山下乡”。我父亲担心我没有被安排工作还会被动员“上山下乡”，就在上班的时候把我一起带着，这样我算是走

① “工分”，也叫工票，报酬计量单位，是中国历史上农业生产合作社、人民公社计算社员工作量和劳动报酬的单位。工分值是劳动单位总产值除以人数后的平均值，再平摊到一年节假日除外的工作日当中，所得出的记名工价。在文中这是曹阶铭的一种形象说法，意指挣工钱。当时城市企业是以工资作为劳动报酬的，不存在挣工分的情况。罗竹风：《汉语大词典（普及本）》，上海辞书出版社 2012 年版，第 509 页。何沁：《中华人民共和国史》，高等教育出版社 1999 年版，第 89 ~90、140 ~143 页。

② 吴丽萍：《家庭出身与知识青年上山下乡》，《中国青年研究》1997 年第 9 期，第 34 ~ 35 页。

向社会了。父亲在印刷厂负责排版工作，我就跟着父亲学习排版。我边学边干，耳濡目染，深受影响，各类字体熟记于心，这无形中为我后来在制砚设计构图方面打下了一定的基础。

20 世纪 60 年代物资短缺，每个家庭的生活都非常困难。我还有两个妹妹，她们年纪都很小，家里生活负担特别重。我是家里的老大，还是男孩子，为了生活，我就要帮家里承担责任，就得找事情做。那时像我那个年纪的男孩子，不管在农村还是城市，在家里都被当成主要劳动力，哪个家庭也不能白养个半大小子在家不干事。有时候我会调侃地说，我走上制砚这条路，是生活给逼的。徽州人或者了解徽州的人都知道，徽州人从小就学手艺的人很多，这是我们这个地方的一个传统。所以徽州的农村以及小集镇手艺人特别多。像木匠、砖匠（泥瓦匠）、漆匠、竹匠（篾匠）、裁缝匠、桶匠等，可以说村村都有四五个甚至十几个。我们徽州这边农村有句话，叫作“卖田卖地，卖不了手艺”，说的就是有了一门甚至多门手艺，比有田有地还要好，不仅能够养活自己，而且可以养活全家。“家有千金，不如一技在身”，赶紧学一门手艺，对于当时的我来说，是生存下来必须要走的路。事实上，生活所迫确实促成了我走向制砚这条路。

在印刷厂的两年时间里，事实上我并没有工作，因为是没有收入的。为了生活，我就想赶紧学一门手艺。可是那个时候，到哪去学手艺呢，社会上乱哄哄的，学手艺连个师傅都找不到。我就想办法在社会上找事情做，当时年轻有的是力气。一开始我是做做散工，就是帮别人打短工。打短工主要做的事情就是在有人家盖房子的时候，我帮着一起做些杂活，还有就是帮街道清理下水道。当时一天能挣八毛钱，最多的时候一天挣过一块五毛钱。那时候我们歙县县城还没有通电，做饭都是靠烧煤或者烧柴。我家没有钱买煤，我在没有短工打的时候，就上飞布山[①]上挖树根背回家做柴火，要么就上山挖草药卖。几十斤重的柴火或者草药都是走十几里山路背回家，这是我少年生活记忆最深刻的事情。没有事情做的时候，我就在家自学绘画，绘画就是从这个时候开始的。当时有个邻居是画画的，这个人现在还在世。他作画的时候我就过去看，慢慢地就产生了兴趣，我就想办法买了绘画的教材和材料，自己看书，慢慢琢磨理解，从素描开始学起。当时我有很多时间自学绘画，而且能够静下心来学。自学绘画的同时，我也自学过木工，并尝试在木头上雕刻各式各样的图案，雕刻这些就是觉得好玩。通过自学，我有了一定的绘画基础，雕刻方面也有了一定的基础，当时学这些并没有想到有一天能用得上。几个月后，我们街道委员会需要有人帮着出黑板报做宣传，因为我会绘画，又在印刷厂学过排版，所以我就被他们选上了。我出的每一期黑板报在版面设计、构图和内容构思方面都不错，街道干部非常满意。我帮街道出黑板报做宣传，前前后后干了两年左右的时间，这个工作经历对我进歙县工艺厂起了非常大的作用。1973年歙县工艺厂招工的时候，我得到街道居委会的推荐，顺利进入歙县工艺厂。

我少年的生活经历，对我后来走上制砚这条路，起到了铺垫的作用。没有那时的经历，我不会有绘画基础，也不会有雕刻基础，更不可能有机会被推荐进歙县工艺厂。当时歙县工艺厂招工是需要有绘画基本功的，所以前面我说，我走上制砚这条路不是纯粹的机缘巧合，我抓住了机会是因为我有了准备。

---

① 飞布山位于歙县宋村，在歙县县城东北方向十余里。（宋）李昉所著的《太平广记》就提及飞布山。《洪贞》篇中说，唐开元中，歙县有个叫洪贞的人拜一个蛟龙变成的道人为师，并遍访名山为道人寻找卜居之地。到黄山，洪贞问此山何如，道人曰：“确而寒。”次到飞布山，又问之，道人曰：“高而无辅。”歙县清末翰林许承尧在其所著的《歙事闲谭》中，详尽地述及飞布山的由来，说它在“郡（徽州）北十五里，志载昔世乱，有主簿葛显率民避乱于此，因名主簿山，唐天宝六年，敕改飞布”。

## 三、歙砚厂青工

1973 年 11 月份，歙县工艺厂面向社会招聘一批制砚工人，条件是要具备绘画基础。我在街道帮忙出黑板报，居委会的领导知道我的情况，就大力推荐我。加上我符合招聘条件，我就应聘成功了，进入歙县工艺厂，成为一名制砚工人，从此走上制砚这条路，一干就是 40 多年。歙县工艺厂是我们县二轻局管理的大集体企业，当时我们进厂没有编制，都是签合同的，也就是临时工，一个月的工资是20元。现在这个歙县工艺厂不是当年的工艺厂，原来的歙县工艺厂厂址在现在的歙县邮政局所在地，现在这个歙县工艺厂是原来的老胡开文徽墨厂。1999 年改制的时候，歙县工艺厂被老胡开文徽墨厂合并，成立了现在的歙县工艺厂。

新招聘来的制砚工不是直接进入制砚车间，要先进行一段时间的制砚学习，类似于现在的岗前实习。歙砚厂 1971 年生产开始复苏的时候就招聘过一批工人，1972 年又招聘了一批制砚工。前期进厂的工人都有专门指定的制砚师傅进行具体指导，加上这些人在进厂前就有雕刻的功底，在师傅的指导下他们很快就能够独立制砚。在我进厂的时候，歙砚厂已经把制砚师傅调回到制砚车间去了，所以就没有指定专门的师傅带，只是偶尔会有老工人过来指导一下。刚进厂的时候，厂里就让我们这批工人从制砚车间领几块砚坯，跟着 1972 年进厂的那批人到歙砚厂指定的地方，就是现在歙县大北街老居委会，观摩学习制砚。当时那个地方我们叫它“民校”，新中国成立后提倡读书识字，那里就是扫盲的时候办的一所学校。

“民校”是所有招聘来的制砚工人集中工作的地方，当时歙砚厂在进行制砚厂房改造，制砚车间容纳不了这么多人。制砚工具也是自己到街上买，厂里没有那么多工具，不能给所有工人发工具。

我有美术和雕刻的功底，加上我对制砚非常感兴趣，所以很快就适应了这个工作。在“民校”学习制砚不到三年的时间，我们这批人就回到工艺厂，因为这时候工艺厂制砚厂房也改造好了。在我回到制砚车间不久，汪律森被聘请到工艺厂工作。我当时不知道汪律森出身砚雕世家，也不知道他的名气特别大，是制砚行业公认的大家。汪律森擅长制作仿古砚，他的手艺在同行里面，在当时是没有人能够超越的。汪律森的作品，最上乘的就是他雕刻的古砚谱上的一些作品。古砚谱当时在砚厂还没有人见到过，而我师傅不但见到过，还会仿照着雕刻。他做的仿古作品，我后来通过资料看到，相似度非常高，可以说能够以假乱真。比如一个长方形歙砚背面要刻乌龟背着一个石碑的仿古吉祥图案，他都能刻得惟妙惟肖、栩栩如生。还有，他能够在雕刻仿古作品的时候，在图案和设计上根据自己的思考进行调整，雕刻出来的作品既保留了古砚谱上歙砚的风格，又有自己的创新，这点对我的启发非常大。

看到汪律森的手艺特别好，我就想跟着他学习手艺。说句心里话，我当时想拜他为师，也是思考再三的，主要是担心他看不上我。虽然他为人特别和善，做事也特别低调，如果他看不上我也是很正常的，毕竟我还是个制砚新手。因为想进步，我一次次地找他，想拜他为师，每次都被他委婉地拒绝了。没有办法，我就死磨硬缠，每天只要看到他来上班，我就凑过去，也不说拜师之类的话，我就请教他问题，他说的制砚技巧，我很快就能够领悟掌握。可能是我吃苦的精神和制砚的悟性以及为人处世的品行打动了他，最后他同意收我为徒。

我跟我师傅汪律森学了三年左右。我说过，我师傅擅长制作仿古砚，他刀法流畅，线条洗练准确，不留刀痕，看他雕刻，是一种享受。

歙砚厂青工时期的曹阶铭（右一）

他最有名的作品，也是他的代表作有《历代砚式》《仿古鼎式砚》。我后来制作的仿古风格的歙砚都是跟师傅学的。

还有一位著名歙砚雕刻大家我也跟他学习过，这个人就是方建成。他也是汪律森的徒弟，我跟他算是同门师兄弟。他的刀法非常独到，制砚技术高超，我跟他学习了一段时间，我们是亦师亦友的关系。他的制砚风格对我后来作品的风格有很大影响。

我们当时是在大集体厂上班，师傅带徒弟，师傅都是厂里指定的。我跟师傅学艺没有拜师仪式，自己愿意跟师傅学，师傅也愿意带，就算是拜师成功了。平时也不存在“三节两寿”[①]这种礼仪，顶多就是逢年过节去师傅家拜望一下，大家聚在一起吃吃饭聊聊天，后来我收徒弟的时候也没有拜师仪式。

拜师学艺的礼仪仪式，过去在我们徽州地区的传统手工艺行业和徽商店铺学艺中是非常流行的。拜师入门的规矩多，各地有各地的风俗。俗话说，隔行如隔山。一门学问、一门技艺，都有它的特殊文化，我们徽州地区的拜师文化，就来自我们这里的人文风俗，也就是我们当地的民俗规矩。各行各业的拜师礼仪大同小异，但也各具行业特点，甚至有入行拜师的行规。有的拜师讲究递帖入门，帖子上写弟子生辰八字、入门的良辰吉日、学艺誓言、道德规范及传承谱系之类的文字。通常，拜师者要有引荐人和担保人，师徒双方签订相应的契约后举行拜师仪式，学徒行拜师礼，然后由师傅引领着拜行业祖师，并一一介绍给师兄等。传统的师徒关系仅次于父子关系，即俗谚所谓“生我者父母，教我者师傅”“投师如投胎”。有的行业，学徒一入师门，全由师傅管教，父母无权干预，甚至不能见面。

我们制砚行业，历史上拜师学艺规矩比较简单，原因众所周知。学我们制砚手艺的人，都是贫苦家庭出身，学手艺都是为了养家糊口，规矩不像有些行业那样排场大。我们这行拜师一般都是亲戚朋友等熟人引荐，或者自己主动上门找师傅，介绍一下自己的年龄、家庭等基本情况。师傅看上了，就带着学手艺。学艺期间，逢年过节的时候到师傅家走动走动，给师傅送点简单的节礼就行。学艺的时候，有的师傅管吃管住，有的不管，但学艺期间都是没有报酬的。有的

---

① “三节两寿”是指官场中下级官员给上级官员送礼的时间。旧俗对于塾师，逢端午节、中秋节、年节及孔子诞辰、塾师生日，均各加送束脩一月，称为“三节两寿”。亦用以泛指节日和生辰。后来该习俗被运用到艺人、传统手工艺者和在商铺学习经营的人拜师学艺中，学员在端午节、中秋节、春节及师傅生日、师母生日时送节礼。（清）李宝嘉：《官场现形记》第四十二回。

徒弟出师之后要给师傅免费干两年的活，有的也不是这样，可以自己出去找活干。主要还是因为我们这个行业，不管是师傅还是徒弟，基本都是贫苦家庭出身，相互都能理解生活的不容易，老规矩就变通处理了。

拜师学艺的礼仪在“文革”时期被当作封建的东西、当作“四旧”[①]给破除了。事实上拜师是中国民间传统的人文活动，也是中国传统文化的一部分，它里面有尊师重教的成分，不能一棍子打死，现在这种礼仪又开始慢慢地在恢复。

1978年3月，我被歙县工艺厂正式招工，由合同工转为正式工，转正后每个月工资达到了22块钱，这个收入在当时算是很高的。作为工厂正式职工，待遇提高了，工作的积极性也高，有了家的感觉，有了归属感，觉得自己的价值被认可了。在制砚车间，我一直干到1982年。这个过程中，由于我的努力，我制作的歙砚，无论是在构图设计上，还是在雕刻刀功上，都达到了一定的水平。当时歙砚厂对产品质量要求特别严格，工人制作出的歙砚，都要经过厂检验组的严格检验，我的产品都是免检的。不但消费者认可我制作的歙砚，制砚同行们也都认可。[②]1982年我们厂成立设计组，这个设计组的主要工作是负责歙砚样品的设计和制作生产，1983年我被任命为设计组副组长。设计组把样品生产出来后，拿到制砚车间交给工人仿制，批量生产。由于我的业绩突出，1985年，厂里又把我从设计组调到制砚车间任车间主任，主抓歙砚生产。1990年，我从车间被调到工艺厂，任生产科科长，全面负责歙砚生产和歙砚包装生产工作。

---

① “四旧”，指的是旧思想、旧文化、旧风俗、旧习惯。源自1966年6月1日《人民日报》社论《横扫一切牛鬼蛇神》，提出“破除几千年来一切剥削阶级所造成的毒害人民的旧思想、旧文化、旧风俗、旧习惯”的口号。何沁：《中华人民共和国史》，高等教育出版社1997年版，第206～207页。

② 穆孝天、李明：《中国安徽文房四宝》，安徽科学技术出版社1983年版，第149页；歙县二轻局专志编写组：《歙砚志》，安徽省歙县印刷厂（内部发行）1986年版，第33～34页。

我从1973年进歙县工艺厂，成为一名砚厂青工，走上制砚这条路，到今天已干了40多年。从一开始为了生活学手艺，到今天成为非物质文化遗产代表性传承人，我是有很多感悟的。其中最重要的是，要能够静下心、坐得住，也就是所谓的“甘坐冷板凳”，少些功利心，不急于成名。这点对于任何一个人、任何一个行业从业人员来说都是至关重要的。如果当初我做不到这一点，也不会被国家、社会认可。如果当年我很浮躁，拜师的时候，师傅也不会要我。现在很多年轻人不愿意从事传统手工艺，认为传统手工艺挣钱太慢，难以很快成名。即使现在有些人愿意从事传统手工艺，也是冲着国家开始重视传统手工艺，重视传统文化的保护，以为进入这个行业就能挣大钱。黄山市现在遍地的制砚作坊，一些人还没领悟到这行的内涵，就铺天盖地地在网上做推广，完全以营利为目的，难免鱼龙混杂，这种情况非常不利于传统文化的传承保护。当然，为了生活从事传统手工艺没错，历史上从事传统手工艺的那些工匠们，一开始也就是为了养家糊口。但是他们的工匠精神一直流传至今，这种工匠精神也是我们徽州人的精神。这种精神的内涵一定不是单纯为了追求经济利益，否则这种精神也就无法传承到今天。

歙砚制作，悟性很重要，学习其他知识我觉得也是如此。就拿学艺这件事来说，人们常说“师傅领进门，修行在个人”，我们当时学艺跟过去学艺有很大的不同。过去“学艺三年，效力两年”①，也就是说必须要有三年的学艺过程，师傅手把手教，徒弟用心学，三年学艺出师。我当时跟着汪律森和方建成两位师傅学艺，这两位师傅的雕

① “学艺三年，效力两年”也叫“三年学艺，两年效力”，是我国旧社会民间学习手艺、技艺的一种不成文的规定。从曹阶铭的口述中了解到，历史上，在徽州地区学习手艺也有这一传统，像一些店铺的学徒、民间手工艺师傅招徒等，都遵守这一传统。其意思是，徒弟跟师傅学习三年出师，三年内师傅管吃管住给零花钱，但是没有工钱。三年出师后，徒弟要无偿为师傅打工两年，算是对师傅的报答。新中国成立后，这一传统被认为是封建文化的象征，被摒弃了。

刻风格也各不相同。毫不夸张地说，歙砚的创新发展是从我和方建成开始的。这个创新发展不是说为了创新而创新，而是在长期积累的基础上，融合各家之长，结合市场需求之后，才有的创新。这个创新不是师傅教出来的，这个要靠自己的悟性，不但要透彻领悟师傅教的技法技巧，还要领悟怎么在作品中去体现出思考。人们常说歙砚石是有灵性的，这个灵性其实就是制砚工把自己的悟性体现出来的过程。能够有自己的思考并体现在歙砚石上，石头就是有灵性的，体现不出来，那歙砚石永远就是一块石头。我的《东坡赤壁游砚》就是典型的写意山水代表作品，这个作品上有砖雕常用的深浮雕技法，我把这个技法借鉴过来，运用到砚雕上。在图案设计上，我大胆使用写意山水，加上突破砚雕惯用的浅浮雕，而使用深浮雕技法，创新比较多。我的这个作品被业界公认为现代砚的一个典型代表。这个作品现在被日本收藏家收藏。

我们歙砚厂在生产歙砚的时候，大多是仿古砚，现代风格砚也生产，但是数量不多。1981 年，我就在传统随形砚的基础上，以现代写意山水的手法，设计制作出《东坡赤壁游砚》，这个作品是随形砚。随形砚，就是以砚石原有的形状，同时结合砚石上的图案纹理，巧妙布局，进行设计，然后雕刻，使歙砚石上的纹理与设计雕刻出来的图案浑然一体，美妙绝伦。这种在继承传统雕刻基础上的不断创新，需要雕刻者具有扎实的基本功，同时要有很强的悟性。

我一直有一个观点：歙砚制作技艺的传承，歙县工艺厂功不可没。民国初期，歙砚生产濒临绝境。抗战时期歙砚制作几乎绝迹。[①]1964 年 1 月歙砚砖雕生产合作社成立，分散在农村的砚工纷纷归队，同时合作社还吸收了一大批美术爱好者成为社员。“文革”开始后，歙砚

① 歙县二轻局专志编写组：《歙砚志》，安徽省歙县印刷厂（内部发行）1986 年版，第 5 页。

曹阶铭作品：传统仿古规则砚《北京“鸟巢”》

曹阶铭作品：现代写意随形砚《易安图》

厂再次停产。1971 年歙砚厂生产开始复苏。[①]前前后后近十年的时间，歙砚生产反反复复，但是不可否认，从歙砚砖雕合作社成立，到歙县工艺厂成立，一大批歙砚制作人才得到了保护。目前制作歙砚的人，几乎都是歙县工艺厂当初那批制砚工教出来的。后来歙县工艺厂改制，绝大部分制砚师傅走向了社会，他们又教出了一大批制砚工。歙县行知中学培养出来的一批制砚工，他们的师傅也都是原来歙县工艺厂的制砚工。[②]我现在也在这个学校代课。歙县工艺厂培养出这么多砚雕工，这种传承模式，对当前歙砚制作技艺的传承保护有很大的借鉴意义。

---

① 歙县二轻局专志编写组：《歙砚志》，安徽省歙县印刷厂（内部发行）1986 年版，第 46 ~ 47 页。

② 叶琦：《非遗联姻职教　安徽歙县行知学校开设非遗专业》，人民网 http://edu.people.com.cn/n/2013/0812/c1053-22528141.html， 2013 年 8 月 12 日。

第二章

# 我的代表作品

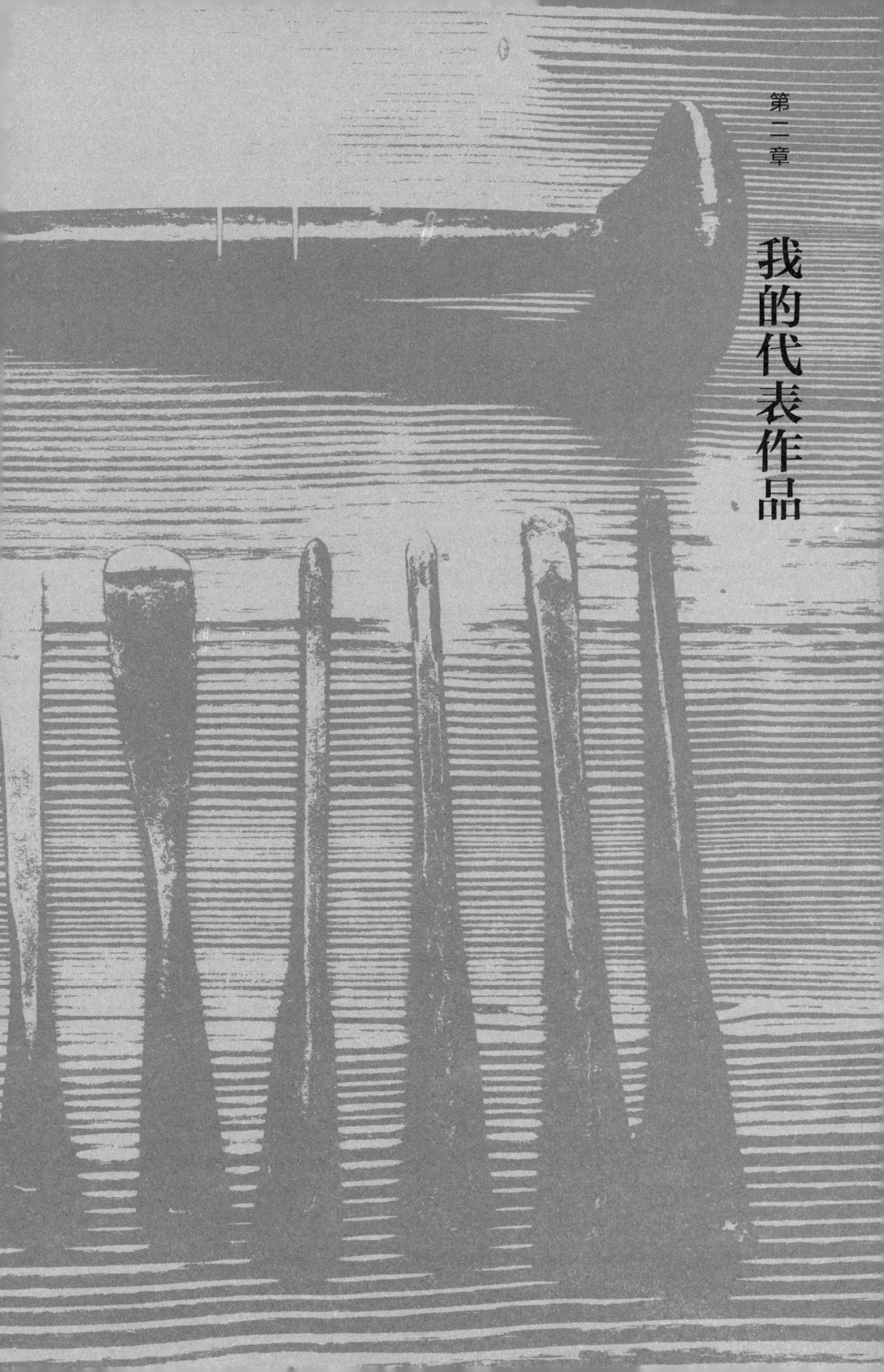

## 一、《东坡赤壁游砚》

《东坡赤壁游砚》是我1982年制作完成的。前面我也介绍过，1982年厂里成立设计组，我被调到设计组，专门负责一些样品的设计、制作。当时我们厂的产品都是出口型的，出口型砚的造型都是素砚，也就都是规则砚，最多也就是在砚的边缘雕一点花边。那时我已经在传统风格的基础上有所创新和突破，代表作品就是这方《东坡赤壁游砚》。在制作这方砚之前，我就一直在思考琢磨，是否可以不按照传统的规则石料制作歙砚。这种想法别人有没有我不知道，因为从我开始步入制砚行业，我们厂的制砚工就一直制作规则砚。事实上随形砚在宋朝就有，只是现当代很少有人生产这种造型的歙砚。我们厂也不例外，厂里把图纸或者样品送到制砚车间，我们就照着制作。制作规则砚一直以来都是我们厂的传统，厂里使用的主要参考资料是《歙砚志·古砚图谱》，上面都是规则砚。很多时候我们接手的石料都是不规则的，我们还要专门把石料给锯成规则的。其实在20世纪80年代初期，随着社会经济的发展，思想解放也体现在工艺、艺术上。那时候我们厂已经开始尝试设计制作写意山水砚，而且这种砚很受市场欢迎。

《东坡赤壁游砚》[1]

以东坡赤壁游为主题的歙砚早就有了，很多人也都在做这个主题的歙砚，但是将这个主题应用到随形砚上，并在雕刻技法上有所创新突破的还没有。

当然制作这个作品不是厂里给我的工作任务，我当时没有跟厂里说过我的思考，也没有为了制作这个作品专门跑到婺源石料厂去，真正开始付诸实施是在一次选料的时候。有一次工艺厂在收购石料时，收到了一批老坑[2]龙尾石[3]，大家都围过去看。

---

① 由于此作品完成年代久远，当时没有数码设备进行拍摄，加之此作品是企业作品，创作者也没有刻意拍照留存。目前该作品已不在国内，无法提供高清图片。

② 所谓“老坑”和“新坑”，顾名思义，不外乎两种解释：一种是在砚坑中有“老坑”和“新坑”的具体坑名；一种是按时间划分，过去开的砚坑称为“老坑”，新开的砚坑称为“新坑”。其实，在今天来说，历史上所有的砚坑都已荡然无存了，我们所能见到的只是遗址、废墟和古人遗留下来的残石。当代人的开采，也是在古人开采的砚坑遗址上进行续采，而且是用推进法的露天开采，没有砚坑，没有洞穴，见不到一个完整的砚坑。至于现今人们在对歙砚的认知中出现老坑与新坑的说法从何而来，不得而知，也许就是一种习惯性说法。也许是受“厚古薄今”这种偏见的影响，总以为老的比新的好。因此，就引出“老坑的好，新坑的差”的理念，而持有这种理念的人，往往是把好的砚石称为“老坑”，把差点的砚石则定为“新坑”。老坑与新坑，也就成了鉴别歙砚石质优与劣的代名词了。文中曹阶铭所说老坑石，是指产自江西婺源龙尾山的石料。胡中泰：《歙砚：雕刻技艺与鉴别》，中国友谊出版社 2015 年版，第 320 页。

③ 龙尾石，产自江西婺源东北部龙尾山，岩石形成于十亿年前，属震旦纪，是一种泥质板岩。婺源古时属于安徽歙州。当时产品习惯以州名物，故古时称“歙石”，制成的砚也称“歙砚”。婺源龙尾山是中国名砚——歙砚的矿石生产基地，歙砚的根源就在婺源。龙尾石有罗纹、眉纹、金星、金晕、鱼子等五大类石品。程明铭：《歙砚丛谈》，黄山书社 1991 年版，第 15～19 页。

新的石料运过来，对于我们这些制砚工来说，就像村里的小媳妇看到卖花布的进村了一样，哪怕不买，也要来看看摸摸自己喜欢的布料。尤其运来的是老坑石料，那时老坑石料已经基本没有开采，都是非常稀有珍贵的，所以我们都想选一块自己中意的石材。卸石料的时候，我发现有一块石料非常饱满圆润，纹理清晰，我就赶紧把这块石料挑出来，带回车间。有了这块石料，我就想，如何利用才能更好地实现石料的价值。我就用手摸，用水洗磨，结果发现石料上金星、金晕、水浪纹交相辉映，意境非常独特。而且这块石料不大，形状不规则，这一下子就激起了我内心深处一直以来思考的想法。这块石料我不会再按照以往惯常的那种做法，把石料给锯成规则的，我绝不会锯掉它的任何一块。我当时突然就激动起来，我在想，我和这块石头是有缘分的。我暗暗下决心，一定要把这块石料给用好。

这样一块石料，雕刻时做什么图案，我颇费了一点功夫。没有图案，就没法设计构图。一开始的时候，我也想按照以往的做法，设计个吉祥图案[①]。但是这块石料上面小，下面大，呈梯形，这样的造型做规则砚实在是可惜，随形砚做吉祥图案，又显得不伦不类。尤其是石料上的金星、金晕和水浪纹理不能充分利用的话，那就太遗憾了。经过几天的思考，我决定做《东坡赤壁游砚》，我找来宋代文学家苏轼的词作《念奴娇·赤壁怀古》认真研读，体会其中的意境。结合这块石料上的金星、金晕和水浪纹的意境来设计构图。有了成熟的思考，我就开始设计图纸。到了1981年，我在制作歙砚

① 歙砚的吉祥图案，在传统歙砚图案中源远流长。吉祥图案纹饰通常都是以吉祥语、民间谚语、神话故事为题材，用借喻、比拟、双关、象征等表现手法，将图案和吉祥语完美结合，凝结着人们的美好愿望。多以龙凤、牡丹、莲花等作为图案，且在歙砚中是素形规则砚的主要图案。歙县二轻局专志编写组：《歙砚志》，安徽省歙县印刷厂（内部发行）1986年版，第18页。

的时候，可以不用先设计图纸，而直接在料坯上用铅笔或者刻刀构图。一般老师傅都是这样做的，这是雕刻水平和功力的一种体现，达不到一定水平和功力的雕刻工是不会直接在料坯上进行构图设计的。这块石料我之所以要先设计图纸，不是功力水平的问题，而是我心里有想法，我要去做一个别人从来没有做过的东西，甚至说歙砚雕刻史上都没有过的东西，当时是既紧张又激动。花了几天的时间，终于把设计图纸做好。这里顺带解释一下，我为了搞创作而设计图纸，但是这个设计图要交给厂里，设计图的所有权并不归我所有。因此我们厂有很多砚雕师傅依照我设计的图纸制作《东坡赤壁游砚》。就是到目前，还能见到有人依照这个图纸制作歙砚。

《东坡赤壁游砚》设计图原稿正面

石料有了，思路也有了，图纸也设计好了，接下来就是雕刻了。雕刻之前，首先要在石料上进行构图。第一次在这样一块不规则的石料上进行雕刻，我还是有些忐忑的。如何根据图纸就这块石料的形状，并结合石料上的金星、金晕和水浪纹在石料上构图很需要下一番功夫。

随形砚制作，不是说对石料不作任何切割打磨。巧妙地切割打磨，可以更好地体现雕刻者的思路和意图。所谓的玉不琢不成器，在随形砚雕刻的过程中，这句话也是适用的。根据设计好的图纸，在不破坏砚石本身存在的金星、金晕和水浪纹前提下，适当地对砚石进行切割打磨，然后先用铅笔在砚石上勾画出图案，再用铁笔进行定型。用铁笔进行定型的时候是要非常小心的。定型的时候要稳、准、狠，不能拖泥带水，不能犹豫不决，也不能力度不够。否则极容易毁坏砚坯，导致一整块砚坯被破坏，那样的话，制作就失败了。

构图完成后，就开始雕刻。这方《东坡赤壁游砚》，前前后后我总共花了一个月的时间。雕刻的过程还算顺利，但是花的精力和心思不少。我说过，这个作品，是我第一次雕刻随形砚，而且是用写意山水的手法进行雕刻，运用的雕刻技法也有创新，首次运用深浮雕，难度肯定是不小的。在雕刻这个作品的一个月里，我的全部精力都在这上面，虽说不是废寝忘食，但是脑子里时刻都在想着这个事情。每天晚上躺在床上都在想如何雕刻，整个构图中，哪个地方需要用刀稍微重一点，哪个地方需要再修改一下，人物神态怎样才能更生动一些，花草怎么和砚坯上的金星、金晕、水浪纹更加协调一些、更能够融为一体。总之每天都在思考这些问题。

这个作品最难的地方是雕刻山崖。按照设计图纸，这里要运用深浮雕的技法，同时也稍微应用一点浅浮雕。砚雕不同于砖雕，砖雕惯用深浮雕，而砚雕惯用浅浮雕。把写意山水用深浮雕技法呈现在极其不规则的方寸之间，让作品中的人物、草木、小船、山崖非常和谐地融为一体，完美展现出历史故事中的情节和意境，最关键的是要利用好砚石上的金星、金晕和水浪纹，使作品的构思完整充分地体现出来，这个难度不是一般的大。

现在这个作品我只有黑白照片和图纸。仔细看照片，你会发现，这个作品图案是由几个部分构成的，首先是人物，然后是半个小船，两个人在船上饮酒。还有草木、水纹，然后是山石。这些元素的结合，构成了一幅完整的画面。每一个元素在这个作品中都是不可缺少的，否则你观赏的时候，历史故事中的情景和意境就没有了。所以，在雕刻的时候，需要细心又细心地用好每一刀，每一刀都不能出问题，否则就前功尽弃了。这个作品虽然是以现代写意山水为主题的砚，但是当时还是从实用角度出发的。中间的砚堂、砚池都很宽，这样便于研墨，当然现在这个作品已经成为艺术品了。

这个作品使用了平刀、圆刀、锉刀等多种工具。圆刀主要是体现线条；平刀用完了，用锉刀把它修圆。作品完成后，我还是非常满意的，虽然付出了很多心血，但觉得值得，这也是我职业生涯中非常得意的作品之一。虽然歙砚雕刻史上有前辈制作的《东坡赤壁游砚》，但是用写意山水的技法雕刻山崖，在当时的歙砚中是很少见到的。这个作品当时是出口日本的，据说现在被日本一位收藏家收藏了。

## 二、《唐模小西湖砚》

制作《唐模小西湖砚》时我已经在设计组了。制作这个作品也不是厂里的工作任务，是临时触景生情，有感而发，产生了制作一个反映唐模小西湖景色和意境的作品。

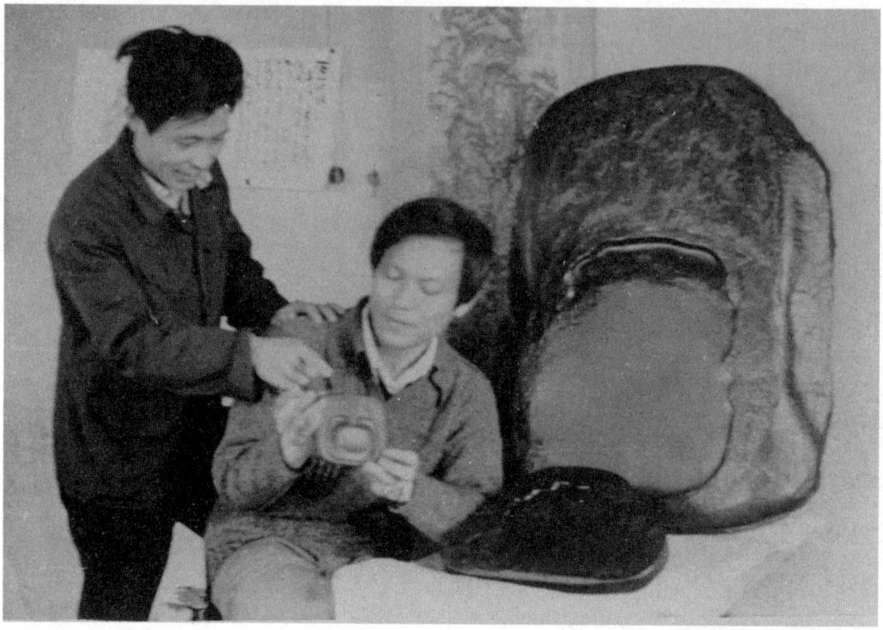

《唐模小西湖砚》[①]

有一次厂里组织我们去唐模[②]写生采风，时间久了，我也不记得具体是哪一年了，大致是1984年或者1985年春天。这个地方以前我也去过，我也知道这个地方的历史。唐模这个地方景色如画，

① 图中大的歙砚是方建成的《八百里山水砚》，该砚前面放置的小歙砚为《唐模小西湖砚》，这是目前唯一能找到的和这方砚有关的图片，但是也无法看清砚中画面。

① 唐模，原为安徽省歙县所辖，现属徽州区。是唐朝越国公汪华的太曾祖父叔举创建的，距今已有数千年的历史。历史上因这里经济发达、民风淳朴，而被誉为“唐朝模范村”，唐模村因此得名。檀干溪穿村而过，全村夹岸而居，村内千年古樟枝繁叶茂，溪水清澈见底，有闻名中外的“十桥九貌”之胜景以及“一村三翰林”之美誉。村前有小河、水口山、水口林、祠堂等，有“中国水口园林第一村”的美誉。更具特色的是，这里有一个风景如画的小西湖。小西湖，又名“檀干园”，建于明末清初，是徽州园林的重要组成部分，十分美丽，令人流连忘返。据记载，当时该村一许氏富商常年在杭州经商，富商的母亲十分想念儿子，也非常想去西湖看看，由于山高路远，年老体衰，一直没有成行。为了孝敬母亲，让她足不出户就能欣赏到西湖的美景，富商不惜巨资，仿照杭州西湖的景致，依水流、山势建造了唐模小西湖，因此，小西湖也叫“孝子湖”。小西湖占地10余亩，三塘相连，自然形成“三潭印月”、湖心亭、白堤、玉带桥、小瀛洲（镜亭）等景观。以“玉带桥”为轴分外湖、内湖，形成“外西湖”“内西湖”格局。李传玺：《徽州古村落》，安徽科学技术出版社2015年版，第126~137页。

一年四季都景色迷人。当我走到唐模小西湖的时候，我被眼前春意盎然的小西湖美景深深触动。

在这次采风写生之前，我就在思考创作一个作品，却苦于没有好的题材，一直没能如愿。看着眼前的美景，我赶紧用速写本把眼前的景色给画了下来。这次写生，看到唐模的美景，我的思路被打开了，写生回去之后，我就有了思路。回来后我就先设计出草图，草图也是画了好多次，每次画好后，总是不满意，总觉得少了些什么。我脑子里的构图不能得到很好的体现，也就是我想象的和表达出来的不一致，我就停下来，想问题出在哪个地方，这个时候很苦恼。那段时间每天上班想，下班想。有一次在练江边上散步的时候，我看到对面的西干山①以及河西桥②在水里的倒影，我一下子就顿悟了。之所以对草图一次次的不满意，是因为在画草图的时候单纯以唐模小西湖作为全部主题，作品画面显得太单调，整个意境和我的想法就不能完全表达出来。回到设计组，我重新设计图纸。我把歙县西干山中的景点——河西桥、河流作为大的背景来衬托唐模小西湖，这样，整个意境就出来了。

图纸出来后，就要选择合适的砚坯进行雕刻。我们在雕刻砚台的时候，有时是先有思路，然后画出图纸，再找合适的砚坯进行雕刻；

---

① 西干山，又名“河西山”，是绵延于歙城练江西岸的一条山麓，处于徽州国家森林公园内。据《歙县风情》一书记载，过去的西干山有十三处胜景：一名浣沙埠，二名碎月滩，三名放生池，四名张公堤，五名古藤，六名练影桥，七名野棠花，八名相公潭，九名七松，十名一带云根，十一名禹王庙，十二名石淙，十三名铁犀。明代，常有文士名流来此饮宴作诗。目前有些景点仍在，景色宜人。

② 河西桥是歙县百姓的口头称呼，实为歙县太平桥。太平桥位于歙县城西门外，渔梁镇渔梁坝练江上游，别名为“河西桥”“人皮桥”“寡妇桥”。《歙县志》记载，该桥建于宋端平元年（1234），初为浮桥。元朝末年因兵乱被毁，改建为木桥。明弘治年间（1488—1505）改建为石桥。明万历年间（1573—1619）整修一次，清康熙五十六年(1717)重修，清乾隆九年(1744)扩建为大型石拱桥。清道光十七年（1837）和道光二十二年（1842）两次遭洪水冲击受损。道光二十三年(1843)重修，历时7年，于清咸丰二年（1852）竣工，用银10万余两。光绪十一年（1885）和光绪二十三年（1897）先后整修两次，每次用银千余两。民国十八年（1929）芜屯路歙县至屯溪段建成后，该桥被利用，通行汽车。太平桥主要选用淳安优质茶园石，用糯米汁拌石灰砌筑而成，施工精细，其承载能力和使用寿命居全省古桥之冠。1981年，安徽省人民政府将该桥列为省重点文物保护单位。歙县地方志编纂委员会：《歙县志》，黄山书社2010年版，第1018页。

有时候是先看到了好的砚坯，锯磨出来后，根据砚坯上的天然纹理再进行构图设计。《东坡赤壁游砚》就是后一种情况，而《唐模小西湖砚》则是有了思路，也有了设计图纸，再找到能表达思想的砚坯。

有了思路和设计图，找到一块合适的歙砚石也是颇费了一番功夫的。图纸已经设计好，这就制约了砚坯的尺寸。太大的石头不行，太小的也不合适。要充分把设计图纸上的画面展示出来，我希望找到一块庙前青①。要是砚坯上能有水波罗纹②简直就太完美了。庙前青砚石的颜色结合水波罗纹的纹理，是最能体现我这个作品构思意图的。所以每次砚厂在收购砚石的时候我就特别留意，每次送石料的车子来了，下料的时候我都会过去看。功夫不负有心人，终于有一次来了一车龙尾石料，我就在旁边守着。一块不大不小的石料，看着圆润，我拿起来，贴在耳边用指头使劲弹了一下③，声音清脆，是块我中意的好料。

---

① “庙前青”的概念始于近代徽州藏家，而对其形质加以明确界定的是已故砚史专家李明回。李先生在20世纪80年代出版的《中国安徽文房四宝》中提出：“歙石似黑实青，佳者透绿，呈青碧色，其通体青绿者，为‘庙前青’，是歙石中之珍品。”“庙前青”到底出于何处？有一个古老的传说：龙尾山中“庙前坑”。此说首见于文献者大约是清代官绅徐毅的《歙砚辑考》。徐氏于雍正朝中举，出任新安卫，后协助安徽抚臬、徽州知府等办理乾隆朝的贡砚事务，对歙砚多有评述。其书称：庙前坑在罗纹山（按指龙尾山）古庙前，石如紫玉色，间以金星，宋景祐（1034—1038）时取石数块，即迷失其处，至今失传云云。近现代以来徽州等地的砚史研究者据此记载及收藏实践，多倾向于神庙说。如认为“庙前青”乃“庙前坑”之讹，而此坑由于并出青、红两色砚材，故与徐氏所录“石如紫玉”相合；20世纪90年代初，人们在龙尾山口附近找到了长期“迷茫莫辨”的神庙旧址，使奇石珍品再现于世。这种“发现—迷失—再发现”的砚史叙事，辗转相传，似成定论。但据曹阶铭先生讲述，“庙前青”产自庙前坑，庙前坑位于歙县岔口镇周家村与庙前村之间的公路旁，石色为青灰色。石质细腻、发墨快，是优良砚材。现在，这个坑口已被乱石填没，坑口上方建有房屋。

② 罗纹砚石的纹理如丝绸般柔美、婀娜多姿，给人一种莹洁之美和素雅之美。罗纹的纹理，有粗有细，有疏有密，有明有暗，具有多种形象特征，并且与其他砚石的纹理相间。水波罗纹是诸多罗纹中的一种，其特点是纹理交织，均匀排列，宛如湖面上因微风吹拂而起的水波，富有动感，天然成趣。水波罗纹也称水浪罗纹，石质莹洁，便于雕琢。程明铭：《歙砚丛谈》，黄山书社1991年版，第19～20页。

③ 鉴赏歙砚的一种方法，用一只手的大拇指、食指、中指端起歙砚，贴在耳边，用另一只手轻轻敲击歙砚，如果能听到清脆的犹如敲击青铜的声音，就是上等的歙砚石制作的歙砚。上等的歙砚石如此敲击也能发出清脆的声音。歙县二轻局专志编写组：《歙砚志》，安徽省歙县印刷厂（内部发行）1986年版，第25页。

把歙砚石拿到车间，我就开始进行砚坯的制作。这也是块不规则的砚石，呈不规则三角形，雕刻的时候肯定是制作随形砚。其实我也可以将这块砚石锯成规则形状，但是我不愿意那么做。一是有前面《东坡赤壁游砚》随形砚雕刻的经验了，再雕刻随形砚，就不是一件多么难的事情；二是随着市场需求的变化，尤其是日本客户定制歙砚，以仿古为主的素砚①减少了，而对随形的现代砚需要开始增多。这个时期，不论是国外歙砚市场，还是国内市场，写意山水作品因其一改以往歙砚的图案风格，市场需求旺盛。我们厂雕刻师们的雕刻风格也更加体现个性化，这反而促进了歙砚市场的发展。市场需要也不再是单纯的以书写实用为主，随着经济的发展，一些人富裕起来，同时又爱好艺术，所以歙砚收藏市场开始火热起来。

再回到《唐模小西湖砚》制作上来。砚坯制作好后，从打磨好的砚坯来看，这块砚石通体青绿色，我判断这确实是一块庙前青。真是老天助我，想要什么就来什么。这块砚石纹理饱满，上面的水波罗纹、粗细罗纹兼备，这正好与我的构思契合，让我非常满意。我赶紧用铅笔、刀笔在砚坯上画出图形，接下来就是用心雕刻。雕刻的过程很顺利，有了雕刻写意山水的经验，这次也不像雕刻《东坡赤壁游砚》时要用到深浮雕雕刻山崖、山石。这里面的西干山和河西桥都是惯用的浅浮雕，雕刻出轮廓就行了。

大概花了一个多月的时间，《唐模小西湖砚》就完成了。以唐模小西湖为主题，以西干山、长庆塔、太白楼、河西桥和河流为背景的画面，融合于一体。这个作品要表达的意思，前面我一直没说，

---

① 素砚，即无花色雕刻的砚，这类砚的长度、宽度、厚度多严谨、规范，以长方形、正方形、圆形、椭圆形为主。相比雕花镂草的砚，素砚更见单纯。素砚更具实用性，以制作看，去掉了花式雕刻，只要开出砚堂，挖出砚池，做好砚边，一方砚大体已然做成。素砚较适合大批量生产，出口和内销都比较多。因其素中见朴的特色，当今也有收藏家收藏此类砚。

其实就是要体现地域风格浓郁的徽州文化。这方砚的画面布局及花草人物的组合，体现出徽州这一方水土养育的徽州人民身上具有的勤俭、拼搏的精神，以及无论身在何处都不忘报恩的中华传统美德。非常可惜的是，我这个作品是厂里的产品，后来很快就出售出去，我现在都不知道这个作品在世界的哪个角落。而且更遗憾的是，现在连当初设计的图纸也找不到了，企业改制啊，搬迁啊，让很多资料都遗失了。这个作品的照片更没有，当时没有条件拍照片。后来我们厂按照我这个图纸雕刻《唐模小西湖砚》的不多，现在市场上也很难见到这种砚，这可能和既没有图纸又没有实物照片有一定关系。

## 三、《松月砚》

《松月砚》是我的第三个代表作品，具体创作时间不记得了，大约在 20 世纪 80 年代末。1982 年我们厂成立设计组，1983 年我被任命为设计组的副组长。1985 年，厂里又把我从设计组调到制砚车间任车间主任，主抓歙砚生产。到 1990 年，我又从车间主任调到工艺厂任生产科科长，全面负责歙砚生产和歙砚包装生产工作。任生产科科长的时候，我的精力都在生产上，也就没时间再进行创作，所以《松月砚》创作的时间是在 80 年代末。

《松月砚》这个作品的图案设计，主要突出的是松树与月亮，创作构思来自“明月松间照”这句古诗。现在很多介绍我的代表作品的文献资料写的是《松云砚》。我自己也被闹糊涂了，可能是我的歙县普通话不标准，访谈的人把“月”听成“云”的缘故。

这个作品留了照片，但是图纸没有了。后来仿造的也几乎没见到过。这个作品大致呈四分之一半圆形，也是一个随形砚。这个作品的砚石尺寸不大，看着非常不起眼，拿在手上，翻看一下，和路边乱石

《松月砚》

堆里的石头没啥两样。做我们砚雕这一行的，对歙砚石都是有一种求之不得的心情，甚至有一种敬畏之心。然而这块石头，说句大不敬的话，灰不溜秋，麻麻癞癞的，没有什么吸引人的地方。就这么大，又不规则，这块石料当时差点被当成废料废弃在库房里。

我在石料库里见到这个石料，觉得不利用起来有点可惜，毕竟这是块水坑石。要知道水坑石都产自龙尾山，雕刻出来的砚都是正宗的龙尾砚[①]。水坑石是非常宝贵的，也非常难得。水坑有两个，一个是水舷坑，南唐时开发的。矿坑都在河底下 5 ～ 6 米深的地方，

---

① 龙尾山也称为“砚山”。砚山村位于现在江西省婺源县龙尾山脚下，龙尾山亦称“罗纹山”，龙尾山出产的砚石称“龙尾石”。是歙砚石的著名产地之一，历史上歙砚以龙尾山所产砚石为正宗。歙县二轻局专志编写组：《歙砚志》，安徽省歙县印刷厂（内部发行）1986 年版，第 6 ~ 9 页。

常年被水淹没，开采十分困难。这个石坑在1979年和1986年政府两次集中人力、物力进行过重点开采。[①]石品主要有金星、金晕、水波罗纹、罗纹等。另一个是水蕨坑，水蕨坑与水舷坑隔着芙蓉溪，相距也就20米左右。当地人俗称“对河石”“黄皮眉”。宋景祐年间（1034—1038）开采过，后来停采，1987年重新开挖。石品主要有粗罗纹、细罗纹、眉纹、金星、金晕等。当时我只知道这块石头是水坑石，到底来自哪个坑还要打磨出来才能知道。经过打磨，发现这还真是一块好石头，有金星、水波罗纹，老坑的石材果然名不虚传，这样就确定这是一块水舷坑石。

有了这么一块好砚坯，就开始构思做什么主题。现在从照片也能看到，砚坯上水波罗纹非常清晰，金星点缀其间，非常漂亮，也非常有意境。我左思右想，到底雕刻什么题材，想来想去没有想到好的思路，我就回去翻看古诗词。当看到王维的《山居秋暝》：“空山新雨后，天气晚来秋。明月松间照，清泉石上流。竹喧归浣女，莲动下渔舟。随意春芳歇，王孙自可留。”我的思路一下子就打开了，灵感来了。这首古诗是诗人于诗情画意之中寄托着其高洁的情怀和对理想境界的追求。其中“明月松间照，清泉石上流”这两句，完全符合我这砚坯上的金星和水波罗纹，所以我就决定以松树为主题进行创作。确定了松树的主题，到底刻什么松树又让我犯难了。我们黄山饮誉海外的是黄山上的迎客松，但是能不能做迎客松，按说做迎客松说得过去，地域特色的东西往往更有吸引力。再看看砚坯上的纹理，要是做迎客松就很牵强附会了，那样就会破坏砚坯本

---

① 歙县二轻局专志编写组，《歙砚志》，安徽省歙县印刷厂（内部发行）1986年版，第46页；程明铭：《歙砚丛谈》，黄山书社1991年版，第18～23页；王振忠：《活着的记忆——婺源非物质文化遗产录》，江西人民出版社2013年版，第17～20页；歙县二轻局专志编写组：《歙砚志》，安徽省歙县印刷厂（内部发行）1986年版，第6～9页。

真的东西。想来想去，我还是放弃了做迎客松的念头。

我又仔细研究了砚坯，根据它的形状和纹理，心想不如做个枯松。围绕砚坯半圆形的边，整个做一个枯松，这样就能充分利用砚坯上的天然纹理。但是要体现出诗句“明月松间照，清泉石上流”的意境还真有点犯难。石头上的水波罗纹体现出流水的意境，明月怎么体现出来？雕刻一个小小的月亮放在松树的上面？这不合适，太突兀了，而且松间的云也无处生根。这么小的砚坯，还要刻出砚堂。当时我有两个思路：一是紧挨着松树的边，雕刻一轮弯月；二是紧挨着松树刻砚堂，中间刻一个圆月。第一种方案，不行，要是沿着松树刻一轮弯月的话，中间一大块刻砚堂，不但水波罗纹和金星被破坏了，而且刻出的砚堂也不美观。最后决定用第二种方案，各个元素就能很好地结合起来，也比较美观。

确定好构图，就设计图纸，然后开始在砚坯上打形雕刻。这个作品有照片，我讲这个作品从构思到雕刻就比较好讲一些。这个作品雕刻的时候运用了浅浮雕和镂空雕的技法。松树树干和松树叶子，用的是浅浮雕，每一处都雕刻得十分清晰圆润。松树枝干运用的是镂空雕，整个松树雕刻好后，可以看出松树的苍劲。再配合中间的圆月和砚堂上的水波罗纹，两句诗的意境就体现出来了。当时这种创意是很有新意的，多种雕刻技法综合运用，同时也借鉴了砖雕的手法，这就形成了我的独特风格，所以业界把这个作品作为我的代表作。这个作品也出售了，具体下落我也不知道，好在留有照片，但是图纸没有了。

## 四、《兰亭砚》

兰亭雅集素材自古以来就是书画艺术品创作的重要题材，《兰亭砚》就是这样的艺术作品。那时我还没想到要以这个为题材进行创作，当时我在厂里负责生产，这个作品创作的时间是工艺厂最鼎盛的时候，外销订单很多。这个作品是厂里的任务，当时是批量生产的。我们的文房用品一直受到日本和东南亚国家顾客的青睐，当时主要通过上海工艺品进出口公司和安徽省工艺品进出口公司办理出口业务。按照日本方面提供的照片进行生产的是规格型的产品。规格型砚，就是比较标准的传统型砚。前面我也说过，80 年代，歙砚的造型和风格出现了很大的变化。在造型上，相对于传统仿古砚，随形砚开始大规模生产。在艺术风格及雕刻技法上，写意山水歙砚开始出现，相应的雕刻技法也不断创新。而这个定制的规格型砚，还是传统型的，当时日本人是作为艺术品定制的。

由于是订单产品，而且量特别大，时间又很紧，难度非常大。我们知道歙砚石硬度比其他砚石高，而且《兰亭砚》体现了《兰亭集序》的内容，雕刻的图案比较复杂，在当时是比较高级的砚，不但要刻人物，还要雕刻山水、亭台楼阁。当然，上面的图案设计可以运用一些写意山水的技法来表达。这里有一个情况，我要介绍一下。《兰亭砚》不是歙砚，是澄泥砚[①]。为什么当时用的是澄泥砚石呢？一是我前面提到了，订单数量大，产品图案复杂，时间又紧，歙砚石硬度比较高，短时间内以歙砚厂的能力是完成不了的。二是当时歙砚厂没有那么多的歙砚石储存，即使我们的产能能够达到，歙砚石供应也是个问题。基于上面两个原因，只能用其他砚石替代歙砚石。日本方面要求的是歙砚，现在要换其他砚石，那就要和对方协商。

---

① 澄泥砚，古砚名，以水澄结细泥烧制而成，产于河南、山西。因烧的过程及时间不同，可以是多种颜色，有的一砚多色，有鳝鱼黄、蟹壳青、朱砂红、檀香紫、豆沙绿、玫瑰紫等不同的名贵色彩。澄泥砚尤其讲究雕刻技术，有浮雕、半起胎、立体等形式。澄泥砚由于使用经过澄洗的细泥作为原料加工烧制而成，因此质地细腻，犹如婴儿皮肤一般，而且具有贮水不涸，历寒不冰，发墨而不损毫，滋润胜水，可与石质佳砚相媲美的特点。从唐代起，澄泥砚与端砚、歙砚、洮河砚齐名，并多有赞誉。张淑芬：《文房四宝鉴赏与收藏》，吉林科学技术出版社 1994 年版，第 66～67 页。

后来通过外贸单位与对方协商，同意我们换砚石。要保证砚石的质量，又要短时间内完成大批产品，综合考虑，决定用澄泥砚石。澄泥砚与歙砚有很多相似的特质，比如澄泥砚质地细腻，犹如婴儿皮肤一般，而且具有贮水不涸，历寒不冰，发墨而不损毫。最关键的是澄泥砚石质硬度不像歙砚石那样高，好雕刻。后来我们厂就与苏州的砚石厂联系，购进了一大批苏州澄泥砚石[①]。这就是《兰亭砚》是澄泥砚的缘由。

当时日本客户发过来一些图片，还是老砚的样子，图片也模糊不清。我当时刚做车间主任，就根据图片进行分解，绘制成图纸。然后进行设计，标出砚的直径、厚度、高度，同时把需雕刻的人物、楼台、亭阁的尺寸都标好。

图纸设计好，我首先要制作出样品。因为是定制产品，是需要制作样品给客户审核的。审核通过了，才能够生产。这个作品雕刻时比较复杂，有的砚只需要雕刻正面就行了，也有的是在侧面雕个花边或者落个款。而这个不但要雕刻正面，还要雕刻背面，同时又要雕刻侧面。图案不但有人物，还有楼台、亭阁等，就人物来说《兰亭集序》里就有四十多人。而且这个还是拿去让客户审验的样品，所以雕刻的时候不能有任何的大意，需要十分用心。当时厂里有很多师傅都可以完成这个样品的制作。因为这是大订单，而且我们又换了砚石，做的时候就要认真，不能让客户有抱怨，否则的话就会让歙砚厂失去信誉，所以厂领导就把制作样品的重任交给了我。

花费了不是太长的时间我就完成了样品的制作，然后把样品发给客户审验，很快对方就回消息说可以生产。这个样品是我第一次创作

---

① 苏州澄泥砚石：产于江苏苏州灵岩山、砚石山一带的砚石。岩性为粉砂质泥岩。尤以其中受后期花岗岩侵入影响而略微角岩化者为佳。产出地层是下二叠统堰桥组。苏州砚石除部分一般品种者外，其中石质较优者，常用蜡熬制，仿制成澄泥砚石。故苏州也有“澄砚”出产，实系伪品。但其品质有的确实不亚于真品。唐陆龟蒙曾有诗赞曰“坐久云应出，诗成墨未干”。见张庆麟《珠宝玉石识别辞典》，上海科学技术出版社 2013 年版，第 519 页。

《兰亭砚》正面设计图

《兰亭砚》背面设计图

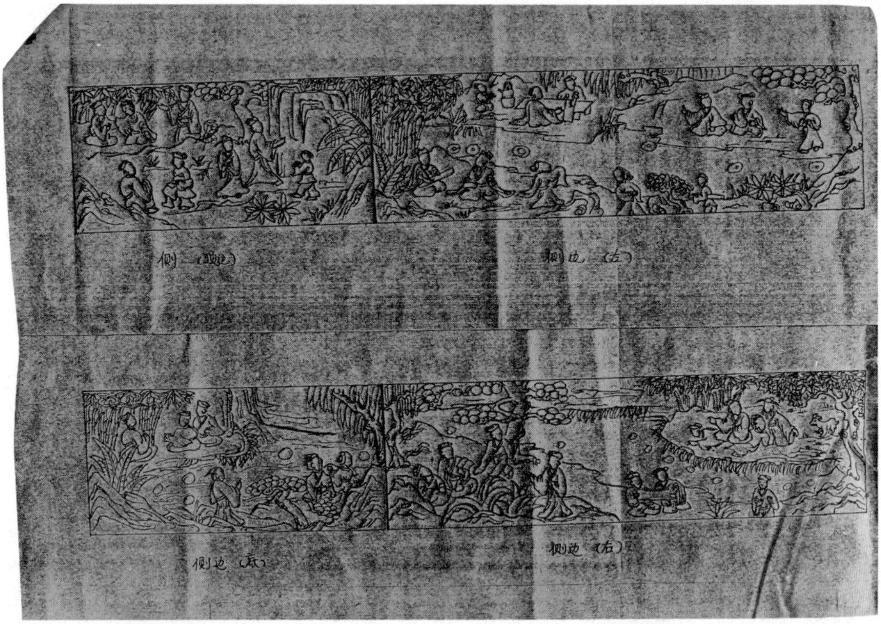

《兰亭砚》侧面设计图

以《兰亭集序》为主题的歙砚，后来这个样品是不是返回了，我也不知道，反正我是没见到过。目前这个样品下落不明，但是歙砚雕刻界都知道有这个作品。

这个《兰亭砚》后来很多人依照图纸制作，目前市场上还能见到，我们厂陈列馆里也有当时生产的样品。之所以这个作品能成为我的代表作，倒不是因为图案上的人物、亭台楼阁等在雕刻手法和技法的运用上有什么独特之处。说句不夸张的话，经过几十年从事制砚这个行业，运用写意山水雕刻，我和我们厂的工人，早就轻车熟路，完成这样一个作品根本不在话下。《兰亭砚》成为我的代表作品真正的原因，是我设计出了图纸，在歙砚雕刻史上，以歙砚雕刻技法在澄泥砚石上进行创作，我是首创。所以在歙砚行业界，这个作品公认是我的代表作。①

## 五、《歙州竹砚》

《歙州竹砚》的创作时间我也记不清楚了，肯定是在《兰亭砚》之后，大致是1985年之后，1986年创作完成的。②我这么确定是在《兰亭砚》之后，是因为这个作品也不是歙砚，而是和《兰亭砚》一样，是澄泥砚。我们为日本制作《兰亭砚》之后，还做过澄泥砚《蓬莱砚》，

---

① 经查阅文献资料，《兰亭砚》最早出现于北宋，为已经定型的砚式，在宋代时称“曲水砚”，因曲水流觞，故名。该砚最早见载于宋朝砚学家叶樾的《端溪砚谱》：“砚之形制……曰曲水。”南宋砚学家高似孙的《砚笺》在述及端砚样式中，亦列出“曲水”砚名。而与叶樾同时期的唐积的《歙州砚谱》并未见载，只于砚式中首列“端样”。据此可认为，后世称为《兰亭砚》的，以兰亭雅集为固定雕饰题材，以及长方厚重为一定形制模式的曲水砚式，为端砚始创。该砚式四周侧面或上下四周各面雕刻王羲之等文人雅士兰亭修禊盛况，图中人物意趣古雅，形态生动。有的背面镌刻《兰亭序》全文。据此，歙砚史上设计《兰亭砚》图纸并制作，且以歙砚雕刻技法在澄泥砚石上进行创作，曹阶铭是第一人确实可信。

② 《歙州竹砚》现在已无法找到设计图纸和原物照片。

也是因为量大，时间紧，歙砚石储备不足，后来又购进了一批澄泥砚石。这个作品用的砚石就是制作《兰亭砚》或者《蓬莱砚》剩下的澄泥砚石的边角料。

制作这个作品之前，我也创作过一些作品，虽然我在设计组，但是有时间还是会参与生产。80 年代，经济发展加快，但是收入还是不高，参与生产一是可以提高收入，二是我设计出来的图纸，我要制作样品。样品拿到车间，制砚工人按照样品生产，我也会跟着一起生产，这样工人们在生产的时候如果遇到什么问题，我也可以及时解决。

虽然我一直在设计组负责设计图纸、制作样品，但那都是订单式或者厂里下达的工作任务。我想自主创作一个作品的念头一直都在，而且离我上次自主创作《唐模小西湖砚》也有很长一段时间了。我们的工作虽然是砚雕，但也是艺术创作。尤其我作为设计组成员，如果只忙于工作性事务，而没有自己的创作，那是不行的。时间久了，创作思维和创作冲动就没有了。那样的话，歙砚生产创新也只能停留在一般性的加工生产的低层次。因此，我在工作的时候，总是思考创作上的事情。平时我也看书，看得最多的是古诗词方面的书。诗词歌赋是我们民族古老的文化，里面蕴藏着无限的艺术瑰宝，看这些书可以给人带来创作的灵感。同时，诗词歌赋所表达的意境和我们砚雕上的写意山水是非常符合的。80 年代开始，砚雕开始突破传统风格，写意山水广泛应用在砚雕上。大家也都知道古代诗词歌赋很多都是可以谱成曲来吟唱，很多画作也都配有诗。在国画上几乎都有题诗和印章，诗提炼了画面的意境，有点睛作用。

这个《歙州竹砚》的创作灵感就来自于古代诗词歌赋。古代有很多诗人都有以物言志的作品，其中非常典型的物象就是“四君子”[①]。比如李白的《下终南山过斛斯山人宿置酒》：“绿竹入幽境，青萝拂行衣。”李白的《别储邕之剡中》：“竹色溪下绿，荷花镜里香。”传说李白还到过我们歙县，渔梁坝就有李白问津处[②]。传说李白当年到了练江边上，向摆渡的撑船老翁打听隐士许宣平[③]的住址，船翁答道：“他家门前一棵竹。”李白谢了撑船老翁，一路寻访门前栽竹的人家，遍寻不着，恍然大悟，门前一棵竹，不就是船头那根撑船的竹竿嘛，于是，赶紧回来寻找撑船老翁，可是他早已不见了踪影。后来歙县就根据这个传说，在江边修建了一个亭子，叫“李白问津处”，现在这个地方是旅游景点。我最欣赏的是郑板桥的《板桥题画·竹》：“一节复一节，千枝攒万叶。我自不开花，免撩蜂与蝶。”加上我们歙县又盛产各种竹子。因此，我就想创作以歙州竹为题材的一个作品。

有了上面这些素材，加上成熟的思考，我就把图纸画了出来。因为是以竹子为主题，整个画面就是一根竹子，所以画面及其背景都尽量以素为主，否则就会偏离主题。为了表达出一定的意境，这

---

① 明代黄凤池等辑有《梅兰竹菊四谱》，从此，梅、兰、竹、菊被称为“四君子”，世人常用“四君子”来借喻圣人高尚的品德。梅、兰、竹、菊是中国画的传统题材，也是歙砚雕刻中常用的传统寓意纹样。以此作为感物喻志、负载真情的象征。（明）黄凤池等：《梅竹兰菊四谱》，文物出版社 1982 年版。

② 渔梁坝位于歙县城南 1 千米处的练江中，是新安江上游最古老、规模最大的古代拦河坝，是徽州古代最知名的水利工程，被称为“江南第一都江堰”。据考证，早在隋朝，人们就曾在此垒石为坝，现在的古坝为明代重建，有明万历三十三年（1605）修坝记事碑可考。2001 年 6 月 25 日，渔梁坝作为唐至清时期古建筑，被国务院批准列为第五批全国重点文物保护单位。

李白问津亭位于渔梁坝上游。一座三角形的小亭挑檐入江，这便是著名的太白问津处。相传李白动身寻访许宣平时沿新安古道来到渔梁古镇，登上一老翁独撑的渡船。在船上，李白向老翁打听许宣平的住址，老翁笑答：“门前一杆竹，便是许翁家。”李白访仙心切，一时竟没有悟出话中含义，待下船后才突然想到“门前一杆竹”不就是渡船嘛。原来撑船老翁便是仙人许宣平。回头再找，老翁和渡船早已不知去向，后人便在此修建了李白问津亭。歙县地方志编纂委员会：《歙县志》，黄山书社 2010 年版，第 1018 ~1019 页。

③ 许宣平，唐代著名道士，新安歙县（安徽歙县）人，《续仙传》《历世真仙体道通鉴》《唐诗纪事》《太平广记》等都有其传记。

个作品我采用了规则的长椭圆形砚坯。这是比较符合主题的，因为是竹子，如果用太复杂的造型，会显得花里胡哨，不合适。我合适的砚石倒是没有花费多少工夫，库房里就有现成的制作《兰亭砚》和《蓬莱砚》锯下来的边角料。我找到一块澄泥石，这块澄泥石颜色比较丰富，鳝鱼黄、蟹壳青、朱砂红、檀香紫等颜色交织、叠加，非常好看。澄泥砚石不像歙砚石，歙砚石上是纹理，尤其是水坑石上的水波罗纹、金晕等都是天然生成的，而澄泥砚石没有天然纹理，只有烧制时产生的各种不同的颜色。锯磨好砚坯，根据表达的主题和砚坯上的颜色，依据图纸把砚坯上的图形勾画好，再进行雕刻。砚坯上杂呈交织的颜色，构图时将其置于整方砚的中央。其间点缀着青紫色，看似波光粼粼的水面。周围歙州竹生机盎然，一幅相映生辉的画面就呈现出来了。这个作品要表达的寓意，是通过歙州竹的那种枝弯而不折，柔中有刚，生而有节，挺拔洒脱，正直清高的精气神来体现徽州人的精神品格。

我们歙砚制作艺术中，有很多人曾经以歙州竹、徽州竹或者其他竹子为题材来雕刻作品。80年代，我们也按照订单做过一批以竹子为题材的作品，这些作品很多都出口到日本、韩国和东南亚市场。据说现在日本拍卖网上还在拍卖当初我们出口过去的竹砚，我没见过，不知道是不是真品，要是歙砚石的，那肯定不是我们的作品。我今天不说《歙州竹砚》是澄泥砚，人们一直以为这是歙砚。目前，歙砚市场上还能看到这类题材的作品，但是澄泥砚石制作的不多，歙砚石的比较多。

说到这里，可能有人要问，我们工艺厂做过这么多以竹为题材的作品，现在还有人在做，为什么这个作品能成为我的代表作，而且业界评价还比较高？在当时我这种风格的作品，用歙砚雕刻技法雕刻澄泥砚，在业界没有人做过，《歙州竹砚》我采用的主要是深浮雕。澄泥砚石硬度小，比较脆，要是用透雕，在运输过程中，容易造成砚台损坏，所以这个作品没有用透雕的形式。当时在我们厂，第一次以歙砚雕刻技法用澄泥砚石做随形砚，这可以说是开创了一种风格形式。

同样题材或者主题的作品每个人都可以做，甚至也有人仿造我的这个《歙州竹砚》。当初这个图纸出来后，制作的样品拿到车间，就有很多雕刻师傅在做。这种情况，在当时也不存在所谓的侵权问题，我是工艺厂的职工，作品属于工艺厂。我的作品即使被仿造，也不可能和我做的一模一样，就是我自己再做出来一个，也不可能和原来那个一模一样，这就是这个行业的特点。现在市场上用雕刻机生产歙砚，只要把图片输入，机器就能批量生产。机器生产的和手工雕刻的，我们一眼就能看出来。机器雕刻的都是低端的大众化的产品，永远不能以假乱真，更不可能超越手工雕刻产品，手工雕刻的才称得上是艺术品。

这个作品大概花费了一个月左右的时间，完成之后作为样品在车间供大批量生产参考过一段时间，后来很快就作为商品出售了。这个作品现在到底在哪个国家、在谁手上都不知道。当时也没有留下照片，现在连图纸也丢失了。这个作品在 1986 年 9 月参加轻工业部组织的比赛，获得“中国工艺美术品百花奖优秀创作设计二等奖”。

## 六、其他作品

上面讲的五个代表作品都是在企业改制前创作的。企业改制前，我的作品远远不止这 5 个。80 年代，我正处在创作的黄金年龄，出的作品不少，有些作品参加全国性的比赛，也获过奖。如《四方套砚》在 1983 年中国国际旅游会议旅游纪念品评比中获得好评，还有《十二

奖
安徽歙砚厂
编号
歙州竹砚 产品经
轻工业部批准荣获中国工艺美术
品百花奖优秀创作设计贰 等奖
特发此证
中华人民共和国轻工业部
一九八六年九月 日

《歙州竹砚》获奖证书[①]

生肖砚》在 1988 年春季（第 22 届）全国旅游产品、内销工艺品交易会展评中荣获优秀旅游产品奖。企业改制后，我来到新的歙砚厂，陆续创作过一些作品，也在全国性比赛中获奖。但是没有被行业界公认的代表作品。我个人认为，代表作品是指最能体现创作者思想水平或者艺术风格的作品。依此理解，我在新歙砚厂创作的作品中，有些是可以作为我的代表作品的。

---

① 由于原歙砚厂改制、搬迁等原因，该获奖证书原件无法找到。

《四方套砚》

奖状

安徽省歙县砚厂 歙砚《四方套砚》

在1983年中国国际旅游会议旅游纪念品评比中获得好评，特予表扬

1983年中国国际旅游会议组织委员会

一九八三年三月

《四方套砚》获奖证书[1]

---

①由于原歙砚厂改制、搬迁，该证书原件无法找到。

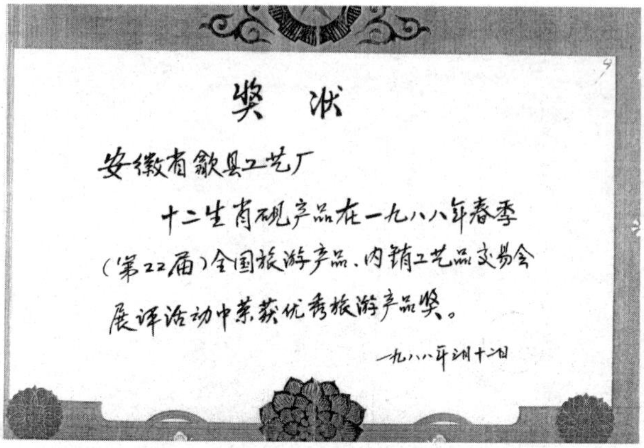

奖状

安徽省歙县工艺厂

十二生肖砚产品在一九八八年春季(第22届)全国旅游产品、内销工艺品交易会展评活动中荣获优秀旅游产品奖。

一九八八年三月十二日

《十二生肖砚》获奖证书

《易安砚》是我在80年代中期独立创作完成的，没有被当成商品出售，现在被我们厂收藏了，就在厂陈列馆[①]里。陈列馆里还有我创作的《风砚》《琴砚》。

《易安砚》

① 歙县工艺厂的陈列馆位于工艺厂内。馆内陈列了原工艺厂改制时作为固定资产转移给现工艺厂的一些作品以及工艺厂后来创作的一些作品。很多当时在歙砚厂工作过的，目前在砚雕行业赫赫有名的雕刻大师的真迹在陈列馆里都有展示。除了曹阶铭的作品外，还有方建成、胡震龙等砚雕名家的作品。

来到现在的歙砚厂，我还创作过一些作品，如《天女散花砚》，2008 年北京奥运会献礼作品《鸟巢砚》《水立方砚》，还有《吉祥葫芦砚》《寒江独钓砚》《古徽州人家砚》《问天砚》《金星山韵砚》《千斤龙砚》等。其中《问天砚》于 2008 年 4 月份参加文化部和中国非物质文化遗产保护中心在北京民族文化宫展览馆举办的“中国非物质文化遗产传承技艺展演”活动，活动还没结束就被收藏家购买。参加这次活动，我也受到了文化部和中国非遗中心的认可。

《金星山韵砚》2009 年 9 月捐赠给中国徽州文化博物馆。《千斤龙砚》是 2012 年迎接党的十八大献礼作品。该作品于 2012 年 11 月参加首届中国（黄山）非物质文化遗产传统技艺大展荣获金奖，目前陈列在歙砚厂砚雕车间内。2018 年元宵节，我和周美洪厂长受中央电视台邀请，参加元宵晚会节目录制，我带去了《天下大安砚》《举杯邀明月砚》和《万事如意砚》三个作品。

《天女散花砚》

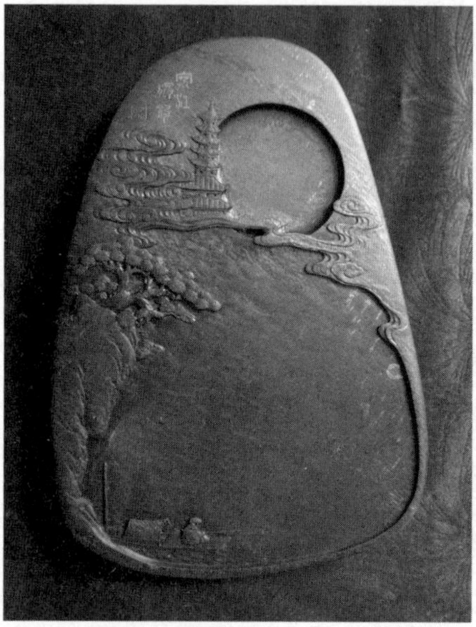

《寒江独钓砚》正面

《寒江独钓砚》背面

《徽州人家砚》

《中国非物质文化遗产纪念砚》

《金星山韵砚》

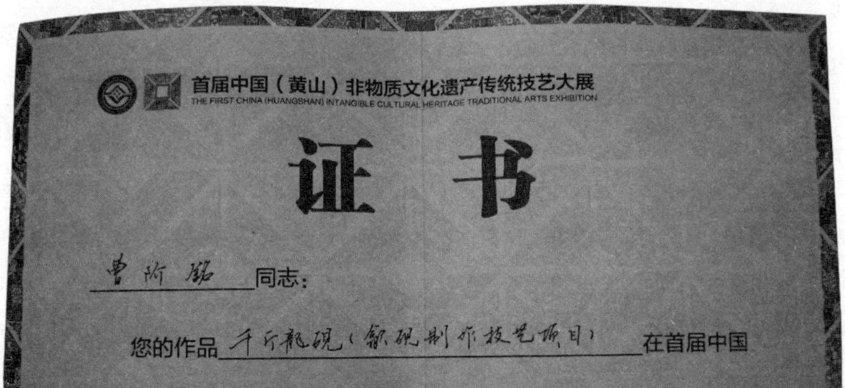

首届中国（黄山）非物质文化遗产传统技艺大展
THE FIRST CHINA (HUANGSHAN) INTANGIBLE CULTURAL HERITAGE TRADITIONAL ARTS EXHIBITION

证 书

曹阶铭 同志：

您的作品 千斤龍硯（歙硯制作技艺项目） 在首届中国（黄山）非物质文化遗产传统技艺大展中荣获金奖，特发此证。

二〇一二年十一月

《千斤龙砚》金奖证书

《千斤龙砚》

上面这些作品的创作经历我就不一一介绍了，现在说说我的《易安砚》。这是我们歙砚厂馆藏作品之一，也是我很满意的一个作品，我来介绍一下。

《易安砚》[1]是乙丑年元月制作完成的，这是我创作的作品，不是厂里的任务。这个作品的砚石从行业的眼光来看，造型非常端庄，

① 诚如曹阶铭所言，他的代表作品都是企业改制前完成的，也就是在80年代完成的。而改制后创作的很多作品未被列入代表作中，或许这5个作品在业界都有首创的因素在里面，其中具体缘由有待考证。出于对业界共识的尊重，本书体例中只撰写5个代表作品。一些作品，如《易安砚》笔者也将其写到书中，供读者了解。其他作品，我以图片的形式置于书中供读者欣赏。另据曹老师回忆，《易安砚》完成时间是乙丑年元月，即歙砚厂改制前，晚于《松月砚》，早于《歙州竹砚》。据此推断《易安砚》应该是1985年的作品。

也非常圆润饱满，而且粒子纹理结构特别清晰，是一块难得的好石料。砚石中间有一块晕，形态特别像山中清晨太阳正在升起时产生的迷雾，我就思考利用这个意境来创作一个作品。说句实话，到了新的歙砚厂，是我人生中的一个转折点，这个我会在后面具体细说。来到新厂后，我也一直在制作产品，却很少有静下心来创作一个作品的冲动和灵感。有一次我到石料库去，无意间发现了这块不规则的石头，这是一块济源坑[①]鱼子纹砚石，我就想搞一次创作。这么好的砚坯，尤其中间这块晕要充分体现出来，要有诗情画意的构图才合适。我就打算用古代仕女的形象，并结合现代雕刻写意山水的方式和技巧来做这个作品。通过几天的思考，我就想到以前读过的李清照的诗词。在李清照的诗词里我们能看到，她前期的作品题材都是描写自然风光和离别相思的。这样的意境非常符合她流离南方之前的生活状态。有了这样的构思，我就把石头打磨好，在石头上构图。前面我说过，雕刻做熟练了，不需要先画图纸，可以直接在砚坯上构图。当然也不是上来就用刀笔画，而是先用铅笔画，画好定稿，再用刀笔画。

砚坯中间的晕作为早上的迷雾，沿着晕雕出砚堂，围着砚堂雕刻出芭蕉树作为背景衬托。芭蕉树的叶子从李清照人物像向上，一直延伸到砚的中间稍微往上，这样就把李清照的人物形象和精神风貌很好地体现了出来。这样整个画面及比例就显得十分协调，构图比较美，比较有意境。砚上题字是“易安图”，取自李清照的号“易安居士”。原本用“易安晨读”这个名字，后来觉得这样太烦琐，与这个图案的

① 济源坑位于江西婺源县济溪村的后山上，宋时开发，后停采，1983年恢复开采。其石品主要是鱼子纹，包括鳅背纹、鳝鱼黄、茶末绿这三种鱼子纹，有些鱼子纹中金星、金晕相间，称“鱼子金星”“鱼子金晕”。济源坑的宋代古坑在开采了10多年后逐渐停产，于是另选坑采石。1997年前后济溪村开发出了“水坑”鱼子金晕石，1998年前后开发出“山坑”鱼子金晕石，均以鱼子金晕石品为主。程明铭：《歙砚丛谈》，黄山书社1991年版，第19～25页。

意境不符，所以就命名为“易安图”。从雕刻刀法看，芭蕉树和人物形象以及人物拿书的姿势神态都比较老到而精练，能体现出我的雕刻功力。

## 七、我对歙砚的理解

前面介绍了我的一些代表作品，这是第一次这么详细地对我的每一个作品从砚石用料、图案设计构思、创作具体过程、雕刻技法和艺术风格等方面进行介绍。尤其是5个代表作品中，有以歙砚雕刻技法制作的澄泥砚，这是从来没有过的。

现在我以40多年歙砚雕刻者的视角来说一说我对歙砚的认识和理解。歙砚及其制作技艺在中国优秀传统文化中的地位是不容置疑的，不论是以前的“四大名砚”，还是后来的“十大名砚”[①]，歙砚一直处于各个砚品的前列。歙砚悠久的历史成就了歙砚在各个名砚及文房四宝中的地位，一代又一代砚工的艰辛付出和智慧的创作，造就了歙砚在诸多名砚中独具一格的艺术风采，使其成为具有浓郁地方艺术特色的文化。

歙砚悠久的历史是其最大的特点之一。相传歙砚的诞生是在唐开元年间，歙州的一个姓叶的猎户在追猎物的时候进到山里，看见很多石头堆在一起，觉得很奇特，就捡了一块带回家，简单地打磨后用来

---

① 经查《欧阳文忠公全集·砚谱》中只有按顺序论述的端石、歙石、绛州角石、归州大沱石、青州紫金石、红丝石等，并未有过“四大名砚”。冯济泉、马贤能的《文房四宝古今谈》（贵州人民出版社1983年版）第97～108页论述“唐代四大名砚”所列文献只涉及各个名砚，也无“四大名砚”出处论述。也有其他著作谈及“四大名砚”，经查文献考证皆不可信。武汉大学中国传统文化研究中心副主任陈锋教授曾在《光明日报》（2016年5月18日）发表《“四大名砚”考辨》一文，同样认为无“四大名砚”之说。据此可见所谓“四大名砚”——甘肃洮州的洮河砚、广东肇庆市的端砚、安徽歙县的歙砚、山西新绛县和山东泗水的鲁柘澄泥砚，只是世人及业界口传或是习惯性称谓，并未有严谨的文献论述可查。至于社会上出现的所谓“十大名砚”不但无权威文献可查，甚至指哪十种砚都不明确。可见，“十大名砚”也是世人及业界口传或习惯性称谓。而歙砚是具有悠久历史的名砚则不存在疑问。

研墨。好几代人之后，有个县太爷，在这个叶姓人家里发现了这个砚台，县太爷非常喜欢，就想方设法将这个砚台据为己有。从此歙砚这个名称就逐渐被世人知晓。[①]当然这只是个传说而已。歙县二轻局1986年编写的《歙砚志》中提到的《清异录》应该是关于歙砚的最早文字记载，从记载的时间来看，歙砚也有一千多年的历史。[②]关于歙砚的文献著作那就更多了，据说历史上就有七十多种。[③]

在古人所撰写的著作中，以宋朝唐积所写的《歙州砚谱》最具有代表性。《歙州砚谱》上并没有作者，只是在书卷末写有“大宋治平丙午岁重九日”十字。据南宋陈振孙所著《书录解题》可知，《歙州砚谱》出自唐积之手。该书在所有历史文献中是最早也是最详细记载歙砚的。这本书的具体内容我在前面已经说过，这里不再赘述。

该著作是难得的研究歙砚的历史文献。我们做砚雕的人，基本上都看过《歙州砚谱》。我们厂当时也有这本书，企业改制时，由留守人员保管，后来也不知道最终传到谁手里了。歙县二轻局编写的《歙砚志》里只有古砚图谱。[④]

我曾经看过，有文献资料记载，北宋诗人、书法家黄庭坚在“陆不通车水不舟”的条件下，不畏艰险，越过崇山峻岭，到砚山进行歙砚石调查。诗人对龙尾山砚坑的交通、地理环境、砚石品种、当地居民状况、石质的品位及砚石开采情况作了形象的描绘，为后人留下了宝贵的资料，对歙砚石的研究和发展做出了贡献。清乾隆五年（1740），徐毅编著的《歙砚辑考》一书，对各地的砚石产地进行

① 歙县二轻局专志编写组：《歙砚志》，安徽省歙县印刷厂（内部发行）1986年版，第1页。
② 歙县二轻局专志编写组：《歙砚志》，安徽省歙县印刷厂（内部发行）1986年版第，1～2页。
③ 歙县地方志编纂委员会：《歙县志》，黄山书社2010年版，第655页。据该书所述，以历史朝代为时间节点，从宋到民国前共有41篇关于歙砚的论著。如果算上柳公权、欧阳修、苏东坡、米芾、蔡襄、黄庭坚、唐寅、苏易简等对歙砚的讴歌诗赋，关于歙砚的记载就更多了。
④ 歙县二轻局专志编写组：《歙砚志》，安徽省歙县印刷厂（内部发行），1986年版，第55～70页。

了调查研究，特别对四大名砚中的端溪砚石和歙砚石作了对比，对歙砚石的研究有许多建树。

上面这些，我只是简单地讲了关于歙砚文献资料方面的情况，要是一个朝代一个朝代地讲的话，那就更多，当然也会更具体。我看过一些书，现在已经有很多人开始详细研究歙砚的历史发展脉络，这也是需要的。歙砚从被发现起，砚矿开采生产都是非常正常的，甚至历史上还有专门的机构和官员负责。①江西婺源歙砚矿石在1910年被军阀开采过一次后，就再也没有正式开采过，歙砚生产在那样动荡的年代也基本是停止的。到抗日战争时期，歙县最后一家砚店汪义兴倒闭之后，砚雕艺人们纷纷改换行当、离乡背井。②在漫长的历史长河中，歙砚生产及歙砚石开采在特殊历史时期，时有中断，相较于歙砚的年轮而言，那只是插曲而已。

无论世事如何变迁，歙砚制作这门技艺还是保存并延续下来。歙砚制作技艺得以延续发展，离不开的是一代代徽州砚雕工匠的辛勤付出，歙砚能够一千多年来久负盛名，并在近现代扬名海内外，成为艺术品，离不开的是砚雕工匠的智慧和创造。

如果我们仔细研究历史上关于歙砚的史料文献及研究著作，会发现一个很有意思的现象，那就是极少有讲述砚雕工匠的文献。③前面讲到历史上七十多种关于歙砚的史书，和历史上很多文人墨客关于歙砚的诗词歌赋，他们基本上都没有讲到砚雕工匠。有讲歙砚矿

① 歙县二轻局专志编写组：《歙砚志》，安徽省歙县印刷厂（内部发行），1986年版，第32页。该书记载南唐后主李煜视歙砚为“天下之冠”，第一次在歙州设置了“砚务”，擢砚工李少徽为“砚务官”，派石工周全之专门搜集佳石为宫中造砚。由于国主的重视，歙州一带的制砚业就更为兴旺，歙砚的身价从此扶摇直上。可以说，这是歙砚最辉煌的时代，也是中国砚史上最辉煌的一页。

② 歙县二轻局专志编写组：《歙砚志》，安徽省歙县印刷厂（内部发行），1986年版，第5页。

③《歙州砚谱》略略提及了砚雕工匠：“匠手第九：县城，三姓、四家、一十一人：刘大，名福诚；第三；第四；第五；第六。周四，名全，年七十；周二，名进诚；周小四；周三，名进昌。刘二，无官名。朱三，名明。灵属里，一姓、三家、六人：戴二，名义和；第三；第五；第六。戴大，名文宗。戴四，名义诚。大容里济口，三姓、四人：方七，名守宗；男，庆子。胡三，名嵩兴。汪大，号汪王二。”

发现开发的，讲得还很详细，关于歙砚矿有哪些具体矿坑、具体位置在什么地方，等等。有对比研究各个砚之间特点的，有赞美歙砚的。赞美歙砚，这个书画家讲得最多，留下了很多诗词歌赋。现当代研究歙砚的文献，和历史上相比，稍有改变，其实也都是在介绍某款砚台的时候顺便讲一下是某某人的作品。这个现象很是有趣，试想一下：如果没有制砚工匠，他们讴歌赞颂的歙砚将从何而来？要知道是先有了砚工，才有的歙砚。这个原因我也思考过，历史上，从事这个行业的人，基本都是为了谋生。无论是砚雕，还是有名的徽州三雕[①]（砖雕、石雕、木雕）。这些雕刻工匠掌握某门手艺，走村串巷，或者在私人的作坊里给别人干活，挣钱养家糊口。这群人基本都是没有文化的手艺人，偶尔可能会有个别有文化有社会地位的喜爱歙砚的文人墨客，自己雕刻一些砚台，但是在当时的社会大环境中，这不具有代表性。这些文化层次低的手艺人，在历史上属于三教九流[②]的最底层。虽然他们制作出来的东西非常精美，当时也能得到舆论的认可，但是还不能登上大雅之堂，更不会像今天这样被称为艺术品。即使有一些达官贵人和文人墨客十分喜爱其中的作品，但是这并不能改变整个社会对这些人的看法，也改变不了这些人的社会地位。

---

① 徽州三雕是一种地方传统雕刻艺术，是指在古徽州一府六县（今安徽省的黟县、歙县、祁门、休宁、太平、绩溪和江西省的婺源县）的区域内，具有徽派风格的木雕、石雕、砖雕三种地方传统雕刻工艺。三雕历史悠久，技艺精湛，世代相传，有完整的工艺流程，在国内外享有很高的声誉，其精湛的雕刻技艺和不朽的艺术价值，充分体现了古代中国劳动人民的卓越才能和艺术创造力。2006 年 5 月 20 日，徽州三雕经国务院批准列入《第一批国家级非物质文化遗产名录》。歙县地方志编纂委员会:《歙县志》，黄山书社 2010 年版，第 980 页。

② 三教为儒、佛、道，九流为儒家、道家、墨家、名家、纵横家、法家、阴阳家、杂家、农家。三教九流后用来泛指社会上各式各样的人物。三教九流，本是古代中国对人的地位和职业名称划分的等级，按照等级的不同来审视规范其道德行为，化解单一的道德规范引发的潜在社会矛盾，此词本无褒贬。而在古代白话小说中，往往含有贬义。唐朝排名，尊卑依次是帝王、道士、文士、官吏、商贾、医卜、僧尼、士兵、农民、工匠。

即使到了近现代，从事雕刻的工匠们，也还是以谋生为主。我当初走上砚雕这条路，掌握一门手艺好谋生，也是最大的原因。相应地，这些手艺人的文化程度和社会地位也不高，我也是如此。制砚行业从业人员文化程度不高，这是我作为国家级传承人一直以来的忧虑，这个在后面讲传承的时候再详细说。

砚雕行业的手艺人社会地位的提高时间不长。改革开放后，随着社会经济的发展，人们生活水平得到了提高，对精神生活追求增多了，随之，艺术品市场火热起来，制砚收入随之提高了。我们手艺人有钱了，腰杆子就硬气了，随之社会地位也高了起来。还有国家对非物质文化的重视，我们这些工匠们成为了非遗保护的对象。那些做出名气的人，开始上了广播电视、报纸网络。现在已经有很多学者开始关注制砚工匠，有的砚雕人被写到书里进行专题介绍。

有一千多年历史的歙砚发展到今天，是离不开我们这些雕刻工匠的。从古到今，无论这些工匠的社会地位高低，被人尊重的程度如何，没有这些人，就不会有歙砚的传承和发展。没有这些人的创造创新，就不会有歙砚艺术今天的高度，这是不争的事实。歙砚从最早期的简单打磨，用作研墨的工具，到今天成为艺术品，从国内走向海外，这期间歙砚的造型和风格有了非常大的变化，而艺术价值也达到一定的高度，同时歙砚雕刻的技法也有了很大的进步，这种变化源自砚雕工匠的智慧。

歙砚造型的演变，业界一般将其称为从古代砚到现代砚的变化，在现代砚里还有现代仿古砚。至于以什么时间段、以什么标准把歙砚分为古代砚和现代砚，这个我还没见过专门的文献资料。而我们一般都是以历史进程和雕刻砚形、雕刻风格以及雕刻技法的不同为依据进行区分。歙砚的特点之一就是歙砚石天然具有的美妙纹理及石质的特点，使歙砚不但观赏性强，而且歙砚发墨特别快，墨水渗透到砚石里又特别慢。[1] 歙砚另一独有的特点就是特别好清洗，哪怕是墨水在里面放了很多天，也是用水一洗就干净。[2] 因此历史上有人给歙砚概括出“八德”[3]。由于歙砚的这些特点，决定了歙砚首先是一个书写研墨的实用工具，这个特质一直延续到书写工具普遍改变的时候。20 世纪初钢笔进入我国并逐渐普及开，毛笔慢慢地被钢笔替代，还坚持使用毛笔书写的大多是在特定的场合，或者是书画爱好者。

歙砚作为书写辅助实用工具，在古代，对于歙砚的雕刻其实是没有太高要求的，这个特点在唐朝以前非常明显。所以古代歙砚作品古朴大方，端庄典雅，一般多为简朴的线条雕刻纹样，图案也不复杂。其造型多为圆形、椭圆形、长方形、簸箕形或是抄手[4]。从这些歙砚的设计构图演变，我们可以明显地看到，古代歙砚的设计原理是以实用为主要原则。所以那个时候制砚工在雕刻砚台的时候，不需要在构图上花费太多精力。但是这并不代表那时制砚就是一件简单的事情，就实用性上来说，歙砚也存在改进的问题。从历史上歙砚的设计演进就能看到，怎么能够让歙砚使用起来更加方便，从砚堂、水线的布局上，就是个很有学问的事情。所以说，歙砚造型的演变，是需要制砚工在实践中不断总结，运用智慧进行创造，并体现在作品中的过程。

---

① 程明铭：《中国歙砚大观》，北京大学出版社 2012 年版，第 34~71 页。该书作者安徽歙县人，是安徽省地质矿产局工程师，歙砚石研究专家，先后参与对 29 处歙砚石产地的系统考察，他对歙砚石的化验分析及工艺鉴定具有权威性。

② 李逸峰：《文房四宝》，中国文联出版社 2011 年版，第 16 页。

③ 歙砚“八德”源于歙石石质优良，莹润细密，有“坚、润、柔、健、细、腻、洁、美”八德。嫩而坚，砚材纹理细密，兼具歙砚坚、润之质，有涩不留笔、滑不拒墨的特点，扣之有声，抚之若肤，磨之如锋，宜于发墨，长久使用，砚上残墨陈垢，入水一濯即莹洁，焕然一新。歙县二轻局专志编写组：《歙砚志》，安徽省歙县印刷厂（内部发行），1986 年版，第 26 页。

④ 作为文房四宝之一的砚台，发展到了宋代，最具时代特征的形制当为抄手砚，它是从唐代的箕形砚演变而来的。它又称“插手砚”“手抄砚”或者“太史砚”。长方形抄手砚为宋代的主流，抄手砚的砚底挖空，两边为墙足，可用手抄底托起。抄手砚为宋代所特有，它不同于任何朝代的任何砚台。关于宋代抄手砚源流，上海博物馆的华慈祥先生有着比较深的研究，并著有《中国古砚》一书详细解析。该著作探索了砚式演变的过程和原因，分析了在经济文化都比较繁荣的宋朝，为何流行抄手砚。

从现有的资料来看，歙砚兴于唐中期，盛于北宋。唐宋时期是中国历史上经济文化都非常繁荣的一个时期，诗词书画兴盛，文人墨客辈出。他们对歙砚的要求已经从过去单纯书写工具的辅助品，发展到兼具艺术观赏功能上。由于这个缘由，歙砚的造型丰富起来，雕刻手法也出现了变化，甚至在雕刻动物时使用深浮雕的手法。在雕刻风格上呈现出简洁的特点，具有平易、朴实、典雅之美。砚的样式也一改以前单纯的单线条的图案形式，出现了很多种形式的歙砚。① 这个时期的歙砚是一个大发展的时期，歙砚的雕刻水平也随之得到创新和提高，这些都是歙砚雕刻工匠的付出使然。即使在今天，我们看当时的作品，也是非常敬佩那时歙砚雕刻工匠的智慧和水平，我们有时还会仿造那时的作品。

从元明清一直到 1949 年前，歙砚虽然还有发展，而衰落已成为了常态。这个时期砚石开采几近停滞，制砚从业人员减少，制砚规模萎缩。然而就是这样一个不景气的时期，歙砚的雕刻工艺并没有随之衰落，而是呈现提高的趋势。这一时期，歙砚的造型多样，矩形砚和仿物形砚成为了主流。有一个歙砚造型的出现，是非常能够体现歙砚雕刻发展水平和工匠智慧的，那就是随形砚。②

在歙砚发展处于衰落时期，由于有歙砚雕刻工匠的辛勤付出，许多精美的歙砚艺术品还是不断呈现。这些歙砚不但体现了雕刻砚工的聪明智慧，也是地方文化内涵的体现，最为关键的，这些制砚工的存在，让歙砚雕刻技艺薪火得以相传，让文化得以传承。

歙砚雕刻是一门技艺，也是文化，歙砚更是艺术品。我们经常讲文化，文化到底是什么，你要和我们歙县的老百姓说歙砚雕刻是文化，

---

① 王振忠：《活着的技艺——婺源非物质文化遗产录 2》，江西人民出版社 2013 年版，第 8~9 页。
② 程明铭：《中国歙砚大观》，北京大学出版社 2012 年版，第 132 ~ 137 页；王振忠：《活着的技艺——婺源非物质文化遗产录 2》，江西人民出版社 2013 年版，第 16 页。

他们也许会瞪着眼睛看着你。你要是问他，会雕刻歙砚吗？知不知道歙砚值钱啊？你们家有老的雕花的门窗吗？他马上就明白了，对呀，歙砚值钱，木雕值钱，原来文化是有价值的。文化不就是平常生活中的衣食住行嘛，这些都是眼面前的东西。文化就是人创造出来的，是生活中的一些平常事情。歙砚就是我们徽州工匠一代又一代传下来的，我们生活中常见的东西，就是文化。歙砚雕刻出来，这么漂亮，就是一件艺术品，跟老百姓家的老房子上的门头、雕花的门窗一样，都非常漂亮，是老祖宗留下来的东西。徽州建筑、徽州雕刻，包括歙砚这些东西，经过千百年的传承，已经打上了徽州的印记，这是地方独有的，是徽州地域文化的一部分。

# 第三章

# 妙笔成画

歙砚的制作以雕刻艺术为中心，由选石、构思、定型、图案设计、雕刻、打磨、配制砚盒等不下十道工序构成。按歙砚石纹理分为罗纹、眉纹、金星、金晕、鱼子五大类一百多个品种。我看到有学者把歙砚雕刻分为徽、粤、苏三大流派，也有按照砚工的雕刻风格来划分的，有抽象派、传统派、写实派等。学者们这样划分，可能有他们的理由。能够把歙砚雕刻分流派进行研究，至少说明这些学者懂得歙砚和歙砚制作技艺，我不对这样的研究进行评论。从古至今，歙砚在雕刻上，与其他几个砚品相比较，肯定有自己独特的雕刻风格。歙砚雕刻主要还是体现在以精细见长，注重刀功。无论是瓜果、鱼龙、殿阁、人物等传统图案，还是现代写意山水，无不神态入微。同时歙砚的雕刻，还具有浓厚的地方风格。歙砚雕刻以浮雕浅刻为主，一般情况下不用立体的镂空雕，但由于受到砖雕的影响，也会出现深刀雕刻。前面介绍我的代表作品的时候，就讲到过我的作品借鉴引用了砖雕的雕刻技法。歙砚利用深刀所雕刻的殿阁、人物等，手法比较细腻，层次分明，而砚池的开挖也能做到相互呼应，因而就显得十分协调和美观。

歙砚石的天然纹理十分美观，但是不同的人从各自的欣赏角度，却有不同的看法。宋代米芾在《砚史》里说："歙石以罗纹无星者为上。"而清代唐秉钧在《文房四考图说》中说歙砚石"以金星为贵"，书画界传说，以金星歙砚研墨作书画，不易被虫蛀，不发霉，这其实是因为歙砚石中的金星含硫化物。按说，歙砚石里面含有硫黄等杂质，石头的品质纯度是不高的。但这些杂质出现在歙砚石上，反而成了好东西。从我们制砚人的眼光来看，上等的歙砚石应有以下这些特点：观砚，温润细腻，纹理清晰，完好无损，星晕明显；摸砚，如孩儿面，似美人肤，吹气盈珠；扣砚，玉德金声，铿锵玲珑；用砚，石滑不涩，发墨益毫，储墨不涸，久磨不损。

歙砚石天然纹理 1

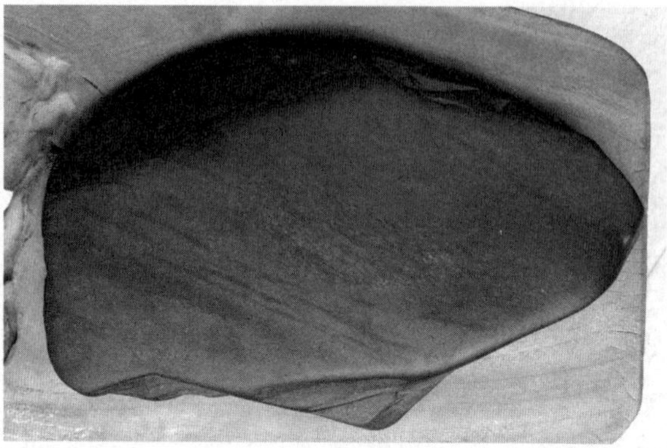

歙砚石天然纹理 2

歙砚石天然纹理 3

歙砚石天然纹理 4

歙砚石天然纹理 5

除了歙砚石本身的特质外，创意和雕刻技艺是制造出一方好砚最重要的保证。石块的大小、色彩、纹饰都是天然的。创意者看到歙砚石后，用他的感觉，因材施艺，才能善用天然的纹理色彩来表达心中的感情、意境，达到天人合一的效果。创意者与雕刻者的关系，就如同编剧和导演的关系，编剧写出的好剧本需要好的导演去完成拍摄。对于歙砚雕刻来说，要完成一个佳作，就要选择合适的雕刻者。

## 一、歙砚制作过程

歙砚制作从采石选料一直到雕刻磨光刻铭，每一个环节都决定了歙砚作品的等级和档次。对于一个成熟的砚雕工来说，顺利完成一个作品并不是难事，如果是一个正在学徒的砚雕工，他需要用心掌握制作歙砚过程中的每一个环节，才能保证成功地制作出一方歙砚。制作歙砚的过程分成很多个环节，如果细分的话，有十多个步骤，而每一个步骤都有具体的要求。学徒时师傅虽然不说得这么细致，但是徒弟在学的过程中是需要留心注意的，不然就掌握不了雕刻的要领。当然，到了雕刻技能达到熟练程度的时候，再去雕刻，就不需要刻意注意每一个步骤了。但这并不是说有的步骤可以省去，前面的步骤不完成，后面的步骤就没法进行。每个行当有每个行当做事的规矩，不能乱来。不守规矩，是做不好事情的。我说的这个守规矩，是遵守歙砚雕刻步骤，不是说砚雕是死板的。比如说在设计构图、刀法应用、雕刻技法等方面，那是要靠自己动脑子的。

我看现在有的著作、文章把歙砚雕刻分成三个步骤，也有分成七个、八个步骤的。他们这样分可能有这样分的道理，他们要么是采访过歙砚雕刻师傅，要么就是根据别人的文章来撰写。歙砚雕刻按照详细步骤来说，应分为以下九个方面。

### （一）采石

采石是歙砚雕刻开始前的准备工作，严格地说这是砚雕的最初始的过程，也是必不可少的步骤之一。

说到采石，就要说到歙砚石。前面讲了很多歙砚的纹理，像金星、金晕、眉纹、水波纹等，这都是歙砚石所独有的特点。歙砚石的开采非常艰难，可以开采砚石的地方，主要是山上各砚矿坑。有的矿坑在悬崖绝壁上，需要一锤一锤地凿；有的在山涧河流的深谷中；也有一些砚石被古人用作田埂石垫到田地下。悬崖、河流等矿产地中要一锤一锤地凿打才能取得原料，而且不一定都能用来制砚。砚石的开采不同于矿石开采，不能放置炸药，否则震出裂伤痕，无法成为砚料。采石工人长年累月在深山里，为了采到未受风化的砚石，攀藤附葛，如上天梯，真可谓是“千锤百炼出深山，匠工为琢多苦颜！”这也是歙砚价格高的一个客观原因。现在原有的矿坑都不让采石，有的老百姓就把自己家的老房子给拆了，挖下面的石头，找歙砚石。

歙砚石主要产自江西婺源。歙砚的坑口大多在江西婺源，这些地方所出产的砚石制成的砚之所以不叫徽砚，这是由歙砚名称的由来所决定的。歙砚生产于歙州，在唐开元年间（713—741），歙砚已成为贡品，闻名于世。当时婺源归歙州管辖，宋徽宗时改歙州为徽州，而歙砚出名在徽州之前，因此有“徽墨”这个称呼，而没有“徽砚”这个叫法。

歙砚为中国诸多名砚之一，与甘肃洮州的洮河砚、广东肇庆的端砚、山西绛州的澄泥砚齐名。主要集中在我们古歙州，也就是当年的歙县、黟县、休宁、婺源等地，其中以婺源的龙尾砚最好。龙尾砚又以龙尾山西麓溪头乡产的砚石料最精美绝妙。这个地方我去过多次，环境非常美，山谷幽静，植被葱郁，溪流湍湍，怪石兀立，一直以来就有“砚山”美名。《婺源县志》上记载，产石之佳者，不尽在龙尾山，尚有驴济、洗泥坑、洞灵岩等处。这些石头统称歙石，或婺源石。据五代陶谷《清异录》记载，唐开元二年（714），唐玄

采石

宗赐给宰相张文蔚、杨沙等人的《龙鳞月砚》，就是歙州产的一种较为名贵的金星砚。

现在从历史上流传下来的珍贵歙砚基本都是龙尾山的石料制成的。这个不难理解，历史上歙砚石矿主要在龙尾山。到了近现代，除婺源龙尾山之外，黄山市的歙县、休宁县、祁门县也有歙砚石开采，所以这几个地方也产歙砚。歙砚石不同于其他名砚的砚石，歙砚石质坚韧、润密，纹理美丽，敲击时有清越的金属声，贮水不涸，历寒不冰，呵气可研，发墨如油，不伤笔，雕刻精细，浑朴大方。

歙石的地质年代属震旦纪，距今10亿年，是一种泥质板岩。广东端石的地质年代为泥盆纪，距今约4亿年，是一种泥质变质凝灰岩。歙砚石的主要矿物成分为绢云母、石英、黄铁矿、磁黄铁矿、褐铁矿、炭质等，粒度0.001 ~ 0.005毫米，比重2.81 ~ 2.94，主要砚锋为片状砚锋。歙砚石的花纹结构十分突出，分为鱼子纹、罗纹、金晕纹、

歙砚石纹理样品

眉纹、刷丝纹等类型。[①] 由于其矿物粒度细，微粒石英分布均匀，所以才有发墨益毫、滑不拒笔、涩不滞笔的效果，受到历代书法家的称赞。

歙砚石的平均硬度，为莫氏 4 度左右，比端石约高 0.5 度[②]。由于歙砚石坚润，故有“多年宿墨，一濯即莹”的优点，这是端砚石不具有的。历史上，赞美歙砚的诗文很多。如北宋书法四大家苏轼、黄庭坚、米芾和蔡襄，都对歙砚作过极高的评价。苏轼有诗云：“罗细无纹角浪平，半丸犀璧浦云泓。午窗睡起人初静，时听西风拉瑟声。”可见诗人对歙砚迷恋的程度。曾任端明殿学士的书法家蔡襄，偶然得到一方歙砚后，开心地吟道：“玉质纯苍理致精，锋芒都尽墨无声。相如闻道还持去，肯要秦人十五城。”他把歙砚比作价值连城的和氏璧，这足以说明一方精品歙砚是何其珍贵而难得。

自宋代唐积的《歙州砚谱》开始，众多文献、论著中都描述过歙砚石的坑口分布状况。20 世纪 60 年代至 80 年代，安徽歙砚厂、安徽省地质局 332 地质队以及江西婺源县有关部门，都对歙砚石坑口进行了大规模探寻及普查工作，验证了砚石主要分布在风景秀丽的黄山山脉和白际山脉之间的歙县、休宁、婺源、祁门、黟县、绩溪等地，以婺源县砚山的龙尾砚石最知名。[③]下面我就结合 40 多年的制砚经验，来详细讲讲歙砚石的情况。

要讲歙砚石，排在第一位的肯定是婺源县砚坑产的歙砚石。婺源县砚坑也有好几个地方。

第一就是砚山（龙尾山）的砚坑。砚山村位于江西省婺源县龙尾山脚下，龙尾山亦称“罗纹山”，龙尾山出产的砚石称“龙尾石”。

---

① 程明铭：《歙砚丛谈》，黄山书社 1991 年版，第 92 ~ 99 页。

② 莫氏硬度是表示矿物硬度的一种标准，又称“摩氏硬度”。1822 年由德国矿物学家腓特烈 · 摩斯（Frederich Mohs）首先提出。张显鹏、刘长俊：《铁合金辞典》，辽宁科学技术出版社 1996 年版，第 100 页。

③ 程明铭：《歙砚丛谈》，黄山书社 1991 年版，第 18 ~ 34 页。

砚山（龙尾山）及其附近的砚石坑口主要有：

眉子坑。眉子坑在龙尾山中，距芙蓉溪 30 米左右。唐开元年间开始开采，宋代达到高峰，元代之后未见有关开采的文字记载，20 世纪 60 年代初重新发掘。这个矿坑从上至下分为三处：上坑（主要石品有鱼子纹、线眉、鳝肚眉纹、白眉、龟背、枣心眉等），中坑（主要石品有粗眉、长眉等），下坑（主要石品有细眉纹、短眉纹、暗细罗纹等）。上坑的眉纹偏细，折光不强烈；中坑的眉纹比较长、较宽阔，眉纹之间交织较多；下坑所出的眉纹最典型，其纹色清晰，石质莹润光洁，为上品。另外，眉子上坑以及之上的部分石层中，有些石头也是优质砚石，主要石品有眉子纹、鱼子金圈等。

罗纹坑。罗纹坑位于眉子坑东侧，南唐时开采。石品有粗罗纹、细罗纹和刷丝纹等。

水舷坑。水舷坑位于眉子坑下芙蓉溪旁，南唐时开发。矿坑低于溪床 5 ~ 6 米，常年水淹，开采十分困难。此坑于 1979 年和 1986 年两度集中人力、物力进行过重点开采。石品主要有金星、金晕、水波罗纹、罗纹等。2005 年 2 月 4 日，因拓宽砚山村的马路，水舷坑被填平了，一个名坑在经历辉煌后再度沉睡地下，或许这就是对水舷坑最好的保护。

金星坑。金星坑又称“罗纹金星坑”，在眉子坑东侧。宋代开发，后停采，20 世纪 60 年代初重新发掘。石品主要有金星、金晕、玉带、彩带、罗纹等。石质上乘。

以上四坑在砚山村的龙尾山，现代人称之为“老坑”或“四大名坑”。

水蕨坑。水蕨坑与水舷坑隔芙蓉溪相望，相距 20 米左右。当地人俗称“对河石”“黄皮眉”。宋景祐年间开发，后停采，1987 年重新开挖。石品主要有粗罗纹、细罗纹、眉纹、金星、金晕等。眉纹多数相互间交织成片，如江海之波涛，砚石常夹有石英层，杂质、夹层少者为佳。

叶九坑。叶九坑在溪头乡岭背村对面山上，宋时开发，其后停采，1988年重新发掘。石品均为眉纹，眉纹大都不清晰，类似水蕨坑眉纹，眉纹自身的硬度较无眉纹硬，石质亚于眉子坑的砚石。1997年，当地村民在龙尾山眉子坑相对的背面山上开发出了与叶九坑相似的眉纹砚石，但石质更粗疏，眉纹的硬度更大，当地人称此石为“新坑岭背眉”，又称“外庄眉”，而称叶九坑石为“旧坑岭背眉”，以表示两者的区别。

溪头坑。溪头坑位于溪头乡岭背村，宋代开发，宋以后停采，近代重新开采后，也只是零星出产砚石。此坑的石品为鱼子、金星、金晕等。其石质结构较松，星和晕的颜色发黄、发暗，不如金星坑、水舷坑和水蕨坑所产。

除了以上几个坑口，还有几种砚石也是非常不错的，它们或者是新开采的坑口（如桥头坑），或因集中出现在某一地方而得名（如柴林石、子石）。

芙蓉溪子石。芙蓉溪是龙尾山脚下的一条贯穿砚山村的小溪，史料中就有溪中寻石的记载。子石，也有人称“仔石”，也就是卵石。这些子石是古时山石自然崩塌或古人采石时砚石滚落溪中，历经水流的千年冲刷，在河床中翻滚、碰撞、摩擦以及溪水浸泡，去粗存精留下来的砚石精华（当然，有关芙蓉溪子石的形成还有其他各种各样的说法）。一般子石外表有一层特有的珍珠光泽，磨开石皮，可见砚石呈半透明状，石声一般为木声。从某种意义上说，好的子石，具备了优质砚石的所有特征，因其来之不易而更显珍贵。芙蓉溪也因不间断出产子石，提供历史上各个时期砚石的“样品”，而被称为“旧坑大全”。近年来，越来越多的人对子石进行了深入的研究和创作。另外武溪也有子石。

柴林石。“柴”就是供烧火用的草木，“柴林”就是可供砍柴的小树林。在这些小树林中或其浅土层下，会有少量可作砚材的石料，因此称其为“柴林石”。从这些石料所在的位置看，这里可能是前人采石时废料堆放场，也可能是当时采石后初筛选料的场所，还可能是石材的临时存放点。所以，柴林石主要分布在一些坑口（如金星坑、眉子坑）的周围，包含了多个坑口的石头。柴林石主要以一种黑色的砚石为主，黑石上时有银星、金晕、带状纹或当地人称为“梅花点”的石品出现。

桥头坑。桥头坑位于武溪旁，是2002年当地人加宽马路时发现的坑口，当时可以看见有古人采石的痕迹，但未见有文字记载。因坑口旁边有座桥，所以大家叫它“桥头坑”。该坑最具代表性的石品是罗纹，还有少量的金星、金晕、眉纹等石品。此坑出产的优质砚石，非常细润，常有人误作旧坑罗纹。现在，一条高速公路刚好从坑口的上方经过，位于高速路基下的桥头坑一般不会再开采。

另外，还有三个坑口争议较大，我们暂且不去考证它们是否为史料记载中的古坑口，我就针对砚雕行业的说法，简单谈一谈。这三个坑口就是罗纹里山坑、紧足坑和庄基坑。

罗纹里山坑，也称“罗纹旧坑”。宋代唐积《歙州砚谱》记载：“在罗纹山后，李氏时发，今废五十余年，名色未详……”我觉得此坑应在砚山村口古樟树后的那一片山上，山上所出砚石被砚山村民称为“樟树背石”“山顶罗纹石”。这类砚石主要石品有罗纹、金星、金晕以及一种被称为“天璜”的珍贵石品。“樟树背”石色微淡，但云母含量高，折光好。或许罗纹里山坑因优良石材开采殆尽而遭废弃。

紧足坑。据史料记载，此坑乃元代开发，至元五年（1268）坍塌，这在元代江光启《送侄济舟售砚序》中有详细的描述。一些著作中将紧足坑定义为“罗纹坑下80米左右”。现在称为出自紧足坑的砚石，据实地考察和砚山村采石人吴飞红（新安歙砚艺术博物馆顾问）介绍，产自龙尾山旧坑之上的山顶处，刨去土层，剥去山顶麻石层即为矿脉所在。主要石品有金星、金晕、眉纹以及一种被称为“龙眼”的珍贵石品。这与文献记载中的紧足坑有很大的区别，这些石头可能只是借用了古代“紧足坑”的名字而已。

庄基坑。史料记载中的庄基坑应为元代开发，现在很难确切地考察出其准确的位置。但砚山村溪头中学后的那一片山一直名为“庄基山”，实地考察时，依稀可看到此山有曾经采石而形成的凹陷。20 世纪 70 年代，曾对庄基山上一旧时废弃坑口进行过开采。2000 年左右至今，在这片山上开采出一批当地人称为“学校背”的砚石，石品主要有金星、金晕、罗纹等。这批石头能否冠以“庄基坑”石之名，留待以后的实践证实，或许称为“学校背”石更恰当些。

驴坑。驴坑在现在浙源乡的驴坑村，与砚山相距几十千米，宋代景祐年间（1034—1038）开发，而后一直不见开采，至于此砚石怎么样，我也没有见到实物，没办法评价，但是按照唐积《歙州砚谱》记载“其石有青绿晕也”，驴坑石一定也很精美。

大畈（济溪）的砚坑在婺源县是仅次于龙尾山砚坑的，主要有两处砚坑。

济源坑。济源坑位于济溪村的后山上，宋代开发，后停采，1983 年恢复开采。其石品主要是鱼子纹，包括鳅背纹、鳝鱼黄、茶末绿三种鱼子纹。有些鱼子纹中有金星、金晕相间，称“鱼子金星”“鱼子金晕”。济源坑的宋代古坑在开采了十多年后逐渐停产，于是另选坑采石。1997 年前后济溪村开发出了“水坑”鱼子金晕石，1998 年前后开发出“山坑”鱼子金晕石，均以鱼子金晕石品为主。

碧里坑。碧里坑在济溪村河对面，宋代开发。1988 年由于当地村民无意中发现故坑址遗留的残石，随之开始寻坑采石。其石品有金星、金晕、罗纹，纹色美妙，俗称“对河坑”。除少数石质坚硬属上等砚材外，多数砚石质地偏粗，结构偏松，不如金星坑、罗纹坑所产的石材。

此外，大畈村附近曾开采出一种绿色砚石，俗称“大畈绿石”。这种砚石现在市面上非常少见，我也只是偶尔见过几次。

前面讲的都是江西婺源县的砚坑，接下来讲讲我们歙县的砚坑。歙县是古徽州除婺源外，砚石坑口分布最多的地方。大致分为东端的溪头坑，北端的岩源坑，南端的紫云坑、庙前坑、苏川坑、渔岸坑等。东端、北端和南端的歙砚石石质是有差异的，东端和南端的砚石是含有一定量粉砂的板岩，而北端的砚石是纯粹的粉砂板岩。

溪头坑。溪头坑位于歙县溪头镇大谷运村双河口一带，共有十余处砚坑，分布在双河口、山门石河边、岱岭、泥塘坞、东寺水库坝下、竹岭河谷等地，砚石俗称“龙潭石”或“龙头石”，主要石品有金星、金晕、银星、水浪纹、罗纹、刷丝纹等。

岩源坑。岩源坑位于歙县上丰乡岩源村，共有三处采石点，分别是王进坑、屋基、道溪，砚石俗称“上丰石”。主要石品有彩带、罗纹、歙青、歙红等。歙青呈灰绿色，歙红颜色紫红。两种砚石都质地细腻、发墨益毫，是理想的砚材。

紫云坑。紫云坑在歙县岔口镇周家村，主要出产紫云石。与绝大多数歙石呈青黛色不同，紫云石呈紫红色或猪肝色，有的带有青绿色斑纹，石质较粗，但发墨快。石品主要有紫云、玉斑。

庙前坑。庙前坑位于歙县岔口镇周家村与庙前村之间的公路旁，石色为青灰色。主要石品有水浪纹、罗纹等，石质细腻、发墨快，是优良砚材。现在，这个坑口已被乱石填没，坑口上方建有房屋。

洽河坑。洽河坑位于歙县武阳乡车川西南山谷中，交通不便。石色呈灰黑色或暗绿色。主要石品有罗纹、刷丝纹、牛毛纹等。

苏川坑。苏川坑位于小洲乡东南苏川村鸡公凸岭下。有三处采石点，石色灰黑。

渔岸坑。渔岸坑位于歙县森村乡渔岸村石桥边。所产砚石石色灰黑，石质一般。

新安江畔的正口、白石岭、北群等地都有砚坑，石品主要有水波罗纹、罗纹、金星等。歙县三阳乡竹铺村出产一种豹斑石，另外，歙县还有一些零星小砚坑，我就不再一一罗列了。

休宁县也有砚坑，产歙砚石。[①]1973年美国总统尼克松访华后，国际上掀起了一阵中国文化研究的热潮，这变相地刺激了歙砚的热销，加上允许个体经济发展，很多人就跃跃欲试，开始制砚。刚好那个时候休宁县修建汪村到大连的公路，开山爆破的时候，发现了类似歙砚石的石料。于是休宁县就建了歙砚厂，一些个体户也开始制砚。一开始休宁的歙砚销售很好，屯溪、歙县，还有上海的客商都去订货。然而由于缺乏好的制砚工人，以及盲目追求数量，导致歙砚质量问题严重，后来休宁的制砚工作被迫停止。

休宁县的砚坑主要集中在县城西南部，皖赣交界处的鄣公山区，主要有三个砚坑。

大连砚坑。大连砚坑位于休宁县汪村镇汪村至冯村一带，有砚坑约10处，均为露天开采，石品有刷丝、金星、银星等，统称为“休宁砚石”，也称“流口石”，部分砚石石质细润。

岭南砚坑。岭南砚坑位于休宁县岭南乡前坦、三溪、苦李山一带，其中前坦砚石坑所产砚石质地细腻、板理平整、鱼子纹明显，与婺源

---

① 休宁县歙砚石产自休宁县大连村的大连砚坑，后来经地质部门确认界定，称为“休宁流口歙砚石”。程明铭：《歙砚丛谈》，黄山书社1991年版，第28～33页。

县所产鱼子纹砚石极其相似。

冯村砚坑。冯村砚坑位于大连砚坑西 10 千米左右，所产砚石质地较粗。

祁门县砚坑。祁门县的砚坑主要有四处，分别在上洲和胥岭。石品有水波罗纹、罗纹、刷丝等，石质较好。宋代曹继善在《辨歙石说》中说："祁门县出细罗纹石，酷似泥浆石，亦有罗纹，但纹理稍慢，不甚坚，色淡易干耳。此石甚能乱真，人多以为婺源泥浆石，当须精辨之也。"。

黟县砚坑。黟县的砚坑位于方家岭，其砚石石质较粗糙、性脆，取料困难，且不易雕刻，少量石中可见到金星。

有人把九江修水石砚也归于歙砚，称"修水砚"①。其实这是不准确的，修水砚本来在历史上自成砚种，与歙砚没有任何关系。

说采石，当然要讲什么是正宗的歙砚石，歙砚石有什么特征。上面说的这些都是歙砚石的基本知识，作为一个歙砚制作工匠，这些关于歙砚石的知识都是要掌握的，不然拿起一块石头，都不能辨别出是不是歙砚石，是哪个地方产的歙砚石，以及石质好坏，这是不应该的。掌握这些歙砚石的知识，也为后面的选料和设计打下了基础。

### （二）选料

石料采好了，就要选自己需要的石头。不是所有开采出来的石料都可以拿来雕刻歙砚，这一点在所有砚的雕刻中都是一样。我们厂里

---

① 修水砚也即"修水赭砚"，是江西省修水县的传统手工艺品。因石质以赭色为主而得名。清代道光皇帝侍读、修水籍万承凤曾将该砚呈道光皇帝，帝欣喜，视为珍品。后被列为贡品，所以又称"贡砚"。该砚石从地质结构上看与歙砚石没有任何关联，不属于歙砚石范畴。程明铭：《歙砚丛谈》，黄山书社 1991 年版，第 28 ~ 33 页。

制砚工人在选料方面有自己的优势。1971 年歙砚开始恢复生产的时候在婺源建有采矿场，采出来的石头直接送到厂里。[①] 现在没有歙砚矿可以开采，都是砚坑附近的农民自己想办法弄石头，送到我们厂里来，由我们收购。社会上的个体作坊就需要自己想办法去买石头。不管是我们厂，还是社会上的个体作坊，收购石头还不是雕刻前的选料。

选料要有针对性。选料是指制砚工人在有了好的构思后，针对自己的构思，选择一块合适的石料完成作品的活动。成就一方好砚，选材是前提条件，哪怕有非常高超的制作技能，如果材料不行，也绝对不可能制作出精美的作品。歙砚石材坑口繁多，上面讲采石的时候，我们知道歙砚石有江西婺源的，有黟县的，有休宁的，有祁门的，有歙县本地的，每个地方还有很多坑口。即使是同一坑口的砚石，其品质也有很大的差别。上品砚石同普通砚石，不但价格有天壤之别，而且制作出来的作品也会有非常大的差别。现在政府为了安全以及保护自然环境起见，将砚坑填平封住了坑口，不许开采砚石后，好歙砚石料更是愈加少见，重金难求，好在我们砚厂的石料还是比较充足的。一个好的歙砚制作工人任何时候都不会降低对材料的要求。始终如一，严格选料，已经成了歙砚制作工人的一种职业追求和内在精神的体现。这一方面保证了所制砚台能成为精品，另一方面也体现了其制砚的认真态度。

制砚选料要精益求精，能选到“淳”“神”兼备的歙砚石是最好。所谓“淳”“神”，指石料于细腻纯净处是为“淳”，至“淳”而有“神”，石若有“神”自然可以打动人心，材料之美自生。俗话说“神仙难断

① 歙县二轻局专志编写组：《歙砚志》，安徽省歙县印刷厂（内部发行）1986 年版，第 47 页记载，从 1971 年歙砚生产开始复苏，歙砚出口创汇形势喜人，对歙砚石需求逐年增加，从 1976 年起，歙砚石由婺源县二轻局经理部供应。

选料

寸玉”，砚料外面包裹着厚厚的石皮，你不知道里面的石质、颜色、纹理等到底怎么样。很多砚料，看着不错，当你剔挖掉外面的石皮和风化硬土后发现不是一块能用的石料，这样选料就失败了。想得到一块好料，难！想得到一块理想的料子，很难！想得到精品料子，更是难上加难！要想选到“淳”“神”兼备的歙砚石料，靠的是经验和感觉。这是制砚之人需要用一辈子的时间去学习和揣摩的。除了天长日久在砚雕实践中的积累，别无他法。这样说也不是意味着选料全靠运气和感觉，运气和感觉也是日积月累出来的。也就是说，我们歙砚制作工人在选料的实践中既有经验的总结，也有选料的方法。

一是敲，将挑选出来的石料用铁凿轻轻敲击，听到石料发出清脆如铜的声音，就是最好的石料。发出的声音低沉混沌的，就是欠佳的石料，这样的石料仅次于发出铜声的。如果发出的声音像敲击木头那样，这样的石头我们称之为“病石”，所谓的病石就是石头的材质太硬，或者石头上有裂痕，这样的石头我们一般不会拿来雕刻砚台。如果把这样的石头拿来雕刻成砚台去销售，就是欺骗顾客。

二是浸，就是把石头放在水里浸泡一下，再拿出来，用布擦干石头上的水，检查石坯上有没有石筋、石隔、裂缝和多余的棱角。如果有上述情况，石头被水浸泡后，擦干水，石头上的颜色就会发生变化，石筋、石隔、裂缝和多余的棱角就会显露出来。通过这种方法，最终挑选出自己满意的石料。

三是看，通过观察来判断是否是自己心仪的石料。清洗去除石头上的灰尘污垢，砚雕工人要对砚坯的形状、质地、石品的种类、纹理的走向等仔细观察。要是板岩，就看是不是一层一层的，如果不是，或者石板层很薄，或者不平整，或者石板上有裂缝，那这样的砚石就不能用。

四是摸，我们都说歙砚石如孩儿面，似美人肤，呵气盈珠。拿到一块歙砚石，将其清洗擦干，用手摸一摸。如果润滑，像小孩子的皮肤一样柔嫩，说明石质细，是好的砚石。如果摸上去感觉毛糙，就说明石质粗糙，这个砚石就差。用手按上去，有手印，用嘴在石头上哈一口气，有小水珠，就说明砚石结构紧密，不吸水，那就是一块好的砚石。

上面的四种方法可以一起使用，也可以单独使用，都可以选出让制砚工满意的石料。当然，这四种方法也不能保证百分之百选准，选料具有不可预测性。我们知道，采下来的石料不等于都能制砚，还要经过挑选。好的砚石往往藏在巨大的岩石之中，两侧为砂岩或砂质板岩。宋朝曹继善在《歙砚说》中讲："麻石三尺，中隐砚材数寸而已，犹玉之在璞也，坑往往在溪涧中，至冬水涸，合三二十人方可兴工，每打发一坑，不三数日必雨，雨即坑垅皆湮塞，较其工力，倍金银坑中取矿者。"这段话是讲采石的艰辛，但是前面"麻石三尺，中隐砚材数寸而已，犹玉之在璞也"恰恰又说明了选料的不确定性。歙砚石往往就那么一点点，藏在大石头里面，要是通过上面四种办法就没法鉴定。这时就要先锯开大石头，锯的时候，如何判断歙砚石的位置也是个问题，判断不准，就会把歙砚石锯烂。此时就凭经验了。这种在大石头里找歙砚石的情况也时有发生，所以选料会有不可预测性。

选料时根据构图，按照规格、形状、工艺要求进行取料。然后剥板，将石料凿平，锯成一定形状，再用水砂细磨成砚坯。随着歙砚制作工艺水平的不断提高，有时在设计加工时要求保留石材自然的石皮和形态，将砚石最好的地方留作墨堂，因此选料者必须懂石。这么几十年里，我从一个刚入行的学徒，到独立创作作品，都经历过选料的过程。刚开始当学徒，不存在选料的问题，自己都不能独立进行创作，刀功还没学会，更不可能有自己的构思和构图，只随便拿一块石料，根据师傅的指导和安排，自己练习。我刚入行的时候是这样，现在带徒也是这样。先把基本功练好，各种雕刻刀都能熟练使用了，再尝试着对照别人给的图案雕刻。等这些基本功都练好了，可以根据自己的思想设计图纸，或者按照设计好的图纸进行制作，这个时候可以自己独立选料，如果还拿不准，那就要请教师傅。我能够独立制作歙砚后，创作出一批作品，选料也没有其他不可示人的独门绝技，就是依照前人总结的方法，结合自己在实践中积累的感觉和经验操作。

国家有歙砚制作的标准，石头硬度有具体的要求。歙砚石的硬度要适中，一般在莫氏 3 至 4 度。断面硬度与板面硬度不能大于 1 级，构成砚石纹饰的各种矿物质硬度与砚面基本硬度也不能超过 5 级。① 这些标准是依据科学分析得出的，在选料的时候砚工是无法确定硬度的。砚工在选料的时候不可能搬一台科学仪器挨个分析，再确定选哪一块石头。其实制砚工在雕刻的时候不可能做到那么精准，但是我们在用刀的时候能感觉到石头的硬度。实践中掌握的东西不比理论的东西差，毕竟理论来自于实践。

### （三）制坯

选好的石料用水清洗干净，就进入制坯这个环节。制坯一般分锯坯和磨坯两步。制坯这个环节是确定砚的形状阶段，这个阶段确定好的砚的形状，在后面的雕刻过程中基本不会再有改变。因此这个阶段非常重要，如果制砚工准备刻出一方随形砚，在锯的过程，没把握好，把自然形状给破坏了，那就是非常大的遗憾，图纸都要重新设计。砚坯分为定型坯、自然形坯（也称“随形坯”）两大类。定型坯是按计划生产的规格型坯，如正方形、圆形等。自然形坯则是就砚石的自然

---

① 歙县二轻局专志编写组：《歙砚志》，安徽省歙县印刷厂（内部发行）1986 年版，第 15 页。

形状加以修整，锯磨成坯。

制坯的第一步是锯坯。锯坯前，先要在石料上画线，画线后的石料分圆形（椭圆形）、方形（长方形和正方形）和不规则形（也叫“随形”）三种。锯坯是有讲究的，锯的时候要确保截面与砚面垂直。这对拉锯要求比较高，不能手抖，也不能用力不均匀，要一气呵成，否则截面和砚面无法保持垂直，砚坯也就不符合设计要求，而且还会增加磨坯的工作量。

锯坯说说简单，但是在真正做的时候，就不是简单的事情。锯东西，大家常见的就是木匠锯木头。木匠锯大木头的时候需要两个人拉锯，都非常辛苦。制砚坯是用锯锯石头，其辛苦和艰难可想而知。古代制坯全靠手工，除了用锯，还要使用锤子、凿子。砚石锯好，用锤子和凿子一点点地把砚石修整成形。现在我们看到古代歙砚那种严格的要求和过硬的技艺，都不得不敬佩那时制砚工的精神。现在制坯不同于古时候，现在可以借助一些电动工具。我刚开始到歙县工艺厂上班的时候，锯坯还是靠人工拉锯。现在有了电动辅助工具，工匠们也轻松了很多。无论石头大小，都可以借助机械来完成切割的工作。现在用的锯有手提锯、台锯、地锯，当然还有车床，不论是锯圆形砚、方形砚还是不规则形砚，都有相应的机械工具，这样工作效率一下子就提高了很多。至于具体如何使用这些工具锯砚石，我就不一一介绍了。这里有个小细节，有的人不理解，我稍微解释一下。人们在看到砚雕师傅锯坯时，旁边会放水盆或者水管。这个用途跟家里装修时，切割地板砖是一个道理，锯的时候时不时放点水在锯子上，一是防止锯齿过热，损坏锯齿，二是为了防尘。

制坯的第二步就是磨坯。磨坯还分粗磨和细磨两种形式。粗磨是先用粗砂加金刚砂和水，把砚板磨平。细磨是将磨平整后的砚石，改用细砂加上水慢慢磨。细磨之后，用油石将砚石打磨得润滑光洁，使

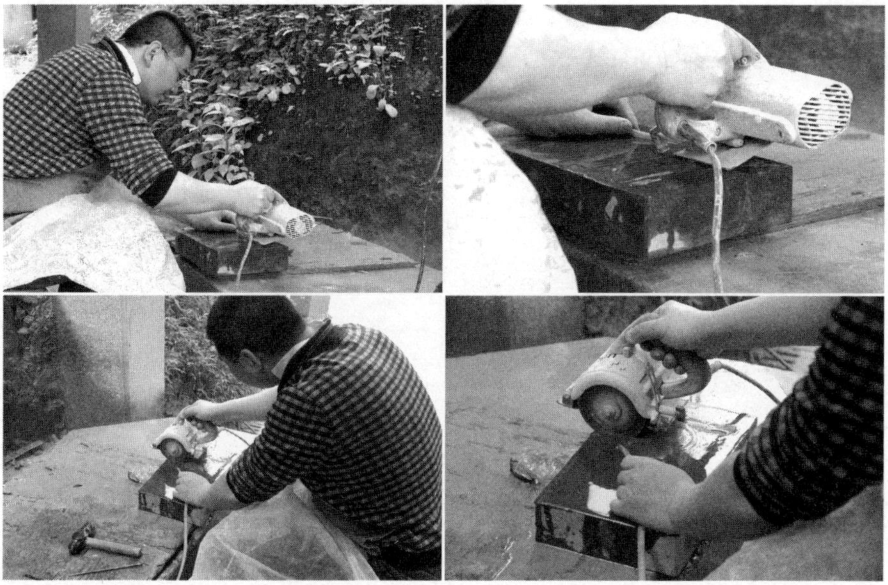

砚雕师傅在锯坯

砚石的四面平整、薄厚均匀。制成的砚坯以见不到节理和裂隙为原则，或者将砚石里次生的细小的矿物质，如石英、方解石[①]等，都打磨得见不到，这样的砚坯就是好的砚坯。过去没有机械打磨砚坯，完全靠手工用砂石和凿子将砚石打磨平整光洁。现在基本都是依靠机械来完成，一般都是用磨光机来做。制坯过程中，锯坯和打磨都是个技术活。锯石要把握好姿势和力度，不然会破坏整个砚石，这个前面说过

① 石英是一种受热或压力就容易变成液体状的矿物，也是相当常见的造岩矿物，在三大类岩石中皆有之。因为它在火成岩中结晶最晚，所以通常缺少完整晶面，多半填充在其他先结晶的造岩矿物中间。方解石是一种碳酸钙矿物，天然碳酸钙中最常见的就是它。因此，方解石是一种分布很广的矿物。方解石的晶体形状多种多样，它们的集合体可以是一簇簇的晶体，也可以是粒状、块状、纤维状、钟乳状、土状等。敲击方解石可以得到很多方形碎块，故名“方解石”。在歙砚石里经常会有这些化学物质存在，在制坯的过程中需要进行打磨，将其去除。程明铭：《歙砚丛谈》，黄山书社1991年版，第24页。

了。打磨则要保证砚石每个面都是平整的，面与面垂直，上、下、长、宽相等。打磨则要保证砚石的每个面没有裂隙、凿痕和锯痕，达到光滑的效果。这些活对于一个熟练的砚雕工人不是难事，但是对于一个刚入行的人来说，就有难度。师傅虽然教过了，但是要想完全掌握，那就要靠自己用心领会，多动手实践才能达到熟能生巧的效果。砚坯制作好后，就开始转入设计环节。

### （四）设计

我一直认为，作为一个歙砚制作人员，要想在砚雕行业有所成就，除了有高超的雕刻水平外，最重要的是要有非同一般的设计构思能力。这就是为什么从事我们这一行业要有美术功底的原因，这个行业在传统技艺里属于工艺美术类，我们的职业资格证书上的工种都是工艺美术师。现在，我发现很多关于歙砚的著作或者跟歙砚有关的资料，都乐此不疲地讲雕刻技法。没有好的设计思想，再高超的雕刻技法，也无法完成一个有艺术价值的作品。在古代，歙砚是以实用为主，到了唐宋时期，由于社会经济发展对艺术领域的影响，歙砚开始走向兼顾实用与欣赏。而到了当代，尤其是80年代，歙砚的实用价值正在逐渐消退，艺术欣赏价值开始占主导地位，这已经成为歙砚发展的一个不可逆转的趋势。试想，在这样的发展趋势下，如果一方歙砚，没有设计思想，不能表达一定情感，那岂不是一种倒退？这样的话，一个制砚工的作品，要么是模仿古砚，要么就是在一块砚石上涂涂画画而已。我这样讲并不是说歙砚制作一定要迎合市场消费，而是歙砚要发展，就必须在继承传统的基础上有创新。歙砚制作技法有定式，歙砚设计却无定法。

歙砚制作设计就是雕刻者根据自己的创作思想以及要表达的意

图，结合砚坯大小、质地优劣、形状方圆等，认真思考题材、立意、构图、造型以及雕刻的刀法刀路，然后设计出图纸，再把设计图上的图案用铅笔临摹到砚坯上。或者用铅笔把脑子里思考过的图案直接画到砚坯上，描出最理想的设计图案。这样做的一般都是有多年雕刻经验的老砚工，他们经验丰富，有时都不用铅笔在砚坯上构图，直接用铁笔画图。

设计的时候，一般分为两种情况：一是根据创作思想寻找合适的砚石；二是在有了心仪的砚石后，进行设计创作。无论是先有创作思想，还是先有心仪的砚石再设计创作，现代歙砚雕刻设计都要遵循以下几个原则。

第一，艺术欣赏为主，兼顾实用。歙砚的实用性和观赏性，两者一直都是对立统一的关系。然而在当代，歙砚设计要以艺术欣赏为主，兼顾实用。我的这个观点，可能很多做歙砚的或者是从事歙砚研究的人不赞同。这个观点也是我这么多年从事歙砚制作，以及外出传习讲学时思考得来的。从歙砚产生起，实用性一直是歙砚的主要功能。随着时代的发展，在今天，无论歙砚，还是其他砚种，其实用性已经慢慢消退，这个是不争的事实。要想让歙砚发展下去，如果再单纯强调歙砚的实用功能，突出歙砚的实用性，显然已经不符合社会发展的现实。书写习惯的变化以及现代科技的发展，歙砚的实用性只是在极小的范围内存在，歙砚艺术欣赏的价值已经大大超过了实用价值。如果再固守歙砚的实用性功能，歙砚发展一定会受到极大的制约。基于上述原因，在进行歙砚设计的时候，在设计思想及创作构图上，要更多地利用歙砚石本身的价值，多多体现其艺术性及观赏性功能。当然，歙砚固有的实用性功能也不能完全忽略，如果忽略了，就会改变歙砚本身存在的意义。现在无特殊情况，没有哪一个人在雕刻歙砚的时候，不留砚池和砚堂。砚池、砚堂是歙砚实用性最根本的体现。

第二，注重体现地域文化。歙砚的发展历程、砚的形制以及砚台雕刻的图案题材，都能反映出徽州人的生活习惯和审美意识。从歙砚这个名称上，我们都知道这体现了歙砚的地域性。歙砚及其雕刻技艺作为地域文化，一直延续至今，地域特色是其最大的亮点。歙砚及其雕刻技艺作为传统手工艺，成为非物质文化遗产，更是地域文化的体现。我们徽州，作为一个地域的名称，有着悠久的历史。徽文化是古徽州一府六县物质文明和精神文明的总和，是中国传统儒释道思想文化的沉淀。源于徽文化的徽州雕刻讲究用笔运刀，刀随意动，章法整齐活泼。歙砚属于徽州雕刻的一部分，深深打上了地域文化的烙印。这里勤劳淳朴的人们、一草一木、山山水水以及独具特色的徽派建筑，都是歙砚设计的重要元素。在进行歙砚设计的时候，这些不可多得的，充满浓郁乡土气息的设计元素都应该体现在设计者的思想之中，通过这些来表达设计者的所思所想。

第三，因材施艺。在做歙砚设计的时候，设计的图案要充分考虑砚的造型，要适应砚石的特性。规矩素砚只需要根据料的大小、薄厚选择风格，随形砚则要根据制砚人的构想进行设计。将歙砚的自然形态、纹理与雕刻有机地融合在一起，做到设计“因材施艺”。

### （五）刻线

这个环节是正式雕刻歙砚前的一个步骤，这个步骤完成后就开始雕刻。很多关于砚雕的资料，不把这个步骤作为歙砚制作的单独部分讲述。有的人是把这个步骤看成设计的一部分，这样认为的依据是，这个步骤还是在画图构思。也有的人把这个步骤当成雕刻的一部分，其依据是刻线已经开始动用刻刀。很多砚雕师傅在教徒弟的时候也不是特别强调这个步骤。我觉得，从严格意义上来说，刻线步骤是介于设计和雕刻之间，既不属于设计的环节，也不属于雕刻的环节，是一个独立的步骤。我在教学的时候是把这个环节独立出来讲述的。

这个环节里面其实分两个小的步骤：第一步是刻线，线刻好后，进行第二步起线。也就是根据已经设计好的图纸，直接用铅笔在砚石上设计好图案，当然也可以直接用铁笔在砚石上画图案。图案画好后，用刻刀刻线，刻完线再用刻刀将线条起出来。在进行这个环节的时候，需要谨慎，还要对开始的设计进行深入思考，以寻求最佳的设计方案。刻线、起线前，还可以对设计进行修改。刻线、起线结束后，砚台的设计方案将无法再进行修改。也就是说设计的图案就定型了，再想修改设计图案已经不可能了。刻线、起线完成后，就进入到整个歙砚制作的关键环节——雕刻。

### （六）雕刻

雕刻是歙砚制作的核心部分，一方歙砚作品，其价值不单单是自然天成、纹理多彩的歙砚石，最主要的还是上面的雕刻。好的歙砚石，加上好的创意，并附以高水平的雕刻，方能成就一个歙砚佳品。在讲歙砚雕刻之前，首先要搞清楚歙砚的结构，也就是歙砚上有哪些组成部分。这个搞清楚了，再讲雕刻，就能理解歙砚制作的好坏。

一方歙砚的结构主要有以下组成部分。

1. 砚堂，又称“墨堂”“墨道”“砚心”，砚的中心研墨处。它是砚的核心部位，砚的好坏主要由它决定。以往家庭用或者中小学生习字用的长方形砚台，堂在下方，约占五分之四的位置。名砚砚堂的大小和部位因材而异，不拘一格。有些名贵石品，像端砚的鱼脑冻、蕉叶白，歙砚的金星、金晕或水波纹等，都是经过精心设计，将其保留在砚堂的部位。把砚石上的天然纹理放在砚堂部位，就是为了充分体现这些纹理之美。

2. 砚池，别称“砚海”“砚泓”“砚沼”或“墨池”“墨海”等，指砚的低洼处，用来存清水或墨汁。它可大可小，因材而异，原则上是以砚面的三分之一大小为准。有些圆形砚的砚池设计在砚的边缘，还有的砚干脆不设砚池。①不过用名贵砚石料制作的上品砚台，一般都会挖出很小的一处作为砚池，因为砚池毕竟是砚的重要特征之一。

3. 砚额，也叫“额头”，指砚的上部较其他三边砚唇更宽的地方。砚的主要工艺雕刻、纹饰一般都安排在这里，以提高砚的观赏价值。

4. 砚岗，指砚堂中间稍高的地方。从这里往四周渐渐变低，可使研墨时的墨汁随时向四周低洼处流淌而保存起来。

5. 砚边，也叫“砚缘”，指砚堂四周略高的边缘带。它形成砚的轮廓，好像是砚的堤坝，起到蓄水或墨汁的作用。很多名品砚台往往不设砚边，这是由于名砚更注重其观赏和收藏价值而忽略其实用价值。现在有些名砚甚至只磨制成一块砚石板，也就是所谓的板砚，不少人还喜欢收藏这种板砚，置之案头作为赏玩之物。②

6. 底边，砚下部的边。

7. 砚壁，砚堂和砚池边的壁。

8. 砚角，相邻两边或两壁相交处。直角相交称“倾角”，圆弧过渡称“圆角”。

9. 砚唇，边与壁或砚侧相交部分。

10. 砚面，砚的表面、上面或正面。

---

① 无砚堂、砚池的砚，称为“板砚”。以汉代“黛板砚”最为有名。汉代“黛板砚”多为石质，较薄，似板状，呈长方形，由于可用来研磨黛石（一种青黑色矿物，古代妇女用来画眉的颜料），故称“黛板砚”。后各朝代虽也多有板砚面世，但此种风格的砚不多见。华慈祥：《中国古砚》，上海人民出版社 2012 年版，第 22 页。

② 胡中泰：《歙砚：雕刻技艺与鉴别收藏》，中国友谊出版社 2015 年版，第 231～233 页。

11. 砚底，也叫“砚背”“砚后”“砚下”，与砚面相反的那一部分。

12. 砚侧，也叫“砚旁”，砚的周围侧面。

13. 覆手，砚底中央凹陷部分。

14. 砚墙，砚底挖空呈弧面斜探至前端，两侧称为“墙”，既可以减轻分量，又便于用手抄取砚台。这是抄手砚所特有的，现代砚很少在雕刻时挖砚墙。

上面这些就是歙砚的结构组成。这些组成部分，不论歙砚还是其他砚，是有很多共同之处的。不同之处就是砚石及雕刻技法。

一个砚雕工匠想要把作品做好，一定得有合适的雕刻工具，也就是古人说的：“工欲善其事，必先利其器。”好的雕刻工具不但可以提高工作效率，也能更好地保证歙砚雕刻的质量。雕刻工具很多，从尺子、锤子到凿子和不同类型及口径的雕刀，林林总总几十个。这几十个工具，都是砚雕工匠在实践中一代一代传下来的，是在实践中应用总结出来的，砚雕工作创造了砚雕工具。从制坯开始一直到雕刻，每一个工具都有每一个工具的用法。接下来，我就来说说这些工具。

1. 凿子[①]。凿子分为两种，一种是尖口，一种是平口。尖口的凿子是用来把砚石凿断、凿平的，就是把砚石表面坑洼不平、露尖的地方给粗粗地凿平。平口的凿子是用来平整砚石面的，这样砚坯基本上就成型了。用凿子有讲究，不只是个力气活，而是有一定的技术含量。举个例子来说，不论是古代的歙砚，还是徽州三雕中的石雕，都是使用凿子对石头进行处理，现在看这些雕刻，都是艺术品，其中的雕刻手法和对一些造型的处理技艺，让人叹为观止。

---

① 凿子，歙县方言叫“嵪子”，“嵪”发 qiāo 音。嵪：古同“墩”，坚硬的意思。

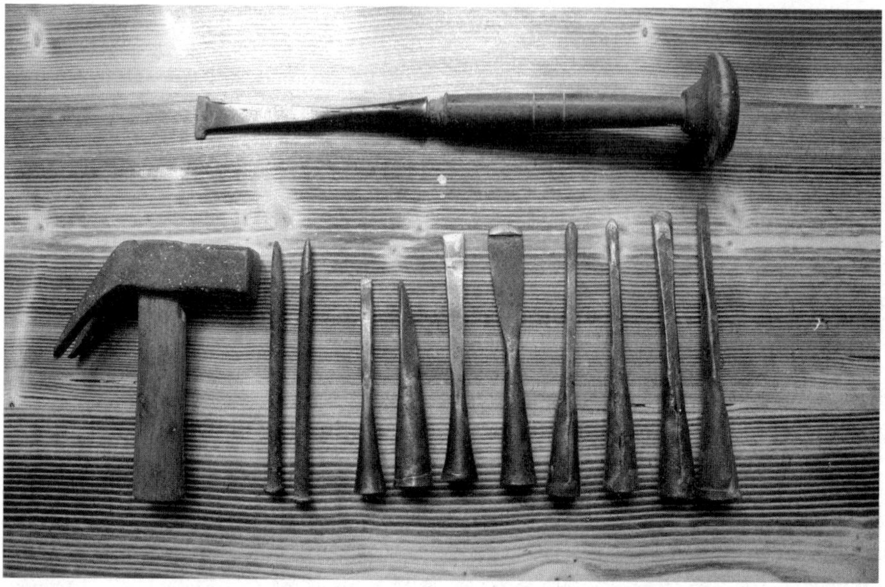

歙砚制作工具：凿子、锤子

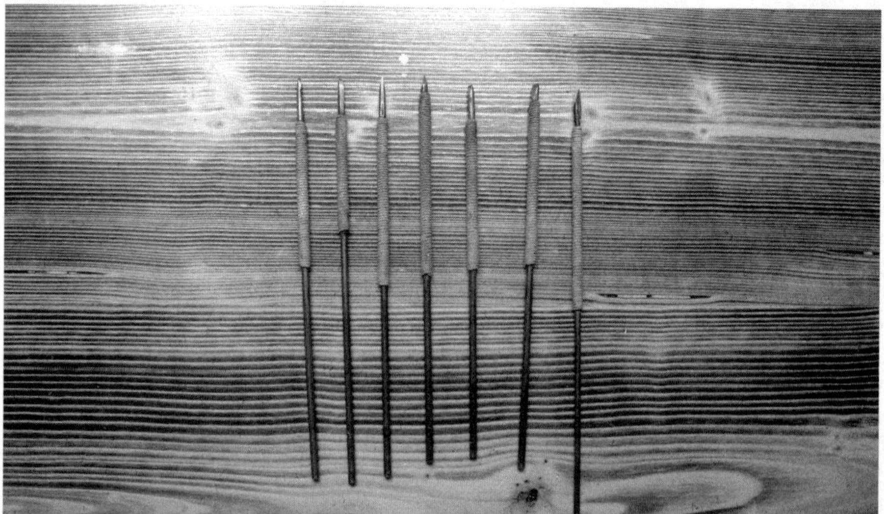

歙砚制作工具：斜口雕刀

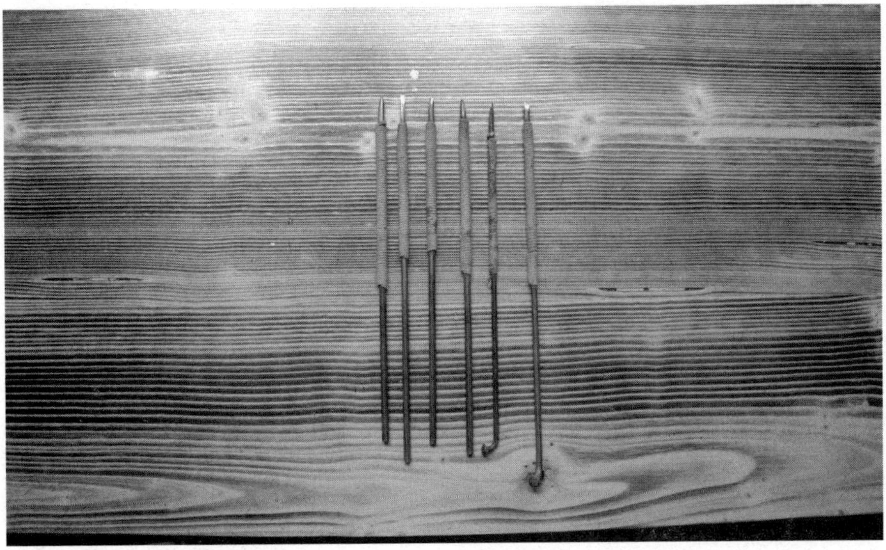

歙砚制作工具：平口雕刀

歙砚制作工具：圆口雕刀

2. 雕刀。雕刻歙砚的刀是专业工具，徽州三雕用的刀和砚雕用的刀是不一样的。雕刀看着就是一把细长的刀，十几样刀大致差不多，其实这里面分得很细，每一个工序用的刀都不一样。雕刀不是完全用铁打造出来的，刀把是普通铁质，刀头是合金钢，两者焊接在一起。普通铁的硬度没办法刻动歙砚石，只有合金钢的硬度才行。制坯的时候用的锯也是合金钢材质。雕刀刀头的合金钢市场上都有售卖，一个刀头用几个月就要换一次。雕刻工用的雕刀都是自己去市场买，厂里不提供，从我开始从事歙砚雕刻到现在都是这样。这就好比学生用的钢笔一样，学校不提供，自己根据喜好，决定买什么样式。

根据雕刻的工序对刀的要求不同，从形式和功能上有不同分类。从形式上分为平刀和圆刀。平刀顾名思义，刀口是平的。平刀在雕刻的时候用得比较多。有开砚池、砚堂的平刀，有专门铲平砚面的平刀，还有雕刻图案纹样的平刀。为了使用方便，大中小的平刀都有。圆口雕刀的刀口呈弧形或者半圆形（也有的为三分之一圆形）。和平刀用法类似，有开砚堂、砚池用的圆刀，有雕刻图案纹样的圆刀。圆刀是大中小都有，主要还是根据雕刻工的需要选用。

再有一种就是斜口刀，也叫“尖口刀”，刀口在打制的时候制作成斜线形，倾斜的角度有要求，前角在45度左右，后角在135度左右，这个倾斜度有利于雕刻图案纹饰的细节部分。只有图案纹饰复杂多样的时候才需要用这样的雕刀。

上面是从雕刻刀的形式上进行划分，要是从功能上分，雕刻刀又分为敲刀、靠刀和雕刀。敲刀，我们这也叫“敲铲”，包括上面讲过的凿子、平口刀、圆口刀和斜口刀。敲刀就是一手拿刀，一手拿锤子，敲打刀的顶部，掌握好力度，一点一点进行雕刻。从开始凿平砚坯到开砚池、砚堂，雕刻图案纹样，都要用到敲刀。靠刀，我们也叫“靠铲”。雕刻的时候，用肩膀紧靠住刀柄的顶部，一手握住刀把，一手按住砚石，握刀把的手和肩膀同时用力往前推，铲掉砚石。靠刀有平口和圆口两种。雕刀，我们也叫“雕铲”，雕刻图案纹样都是用雕刀。雕刀有各种规格的平刀、圆刀和斜刀。一般雕刀都是只用一头，也有砚雕师傅打制雕刀的时候两头都留着。双头雕刀，我们这的师傅基本都不用，因为在全神贯注雕刻的时候，这样的雕刀不安全。为了防止用力的时候手滑，雕刀柄上都用东西给裹起来。

歙砚雕刻过程中，除了刻刀以外，还有其他一些辅助工具，这些工具虽然不如刀的重要性大，但也必不可少，像操作台、锉、砂纸、刷子、磨刀石等。

随着现代科技的发展，歙砚雕刻有了新工具，如手提电锯、切割机、磨光机等，新工具提高了工作效率，也一定程度上减轻了雕刻工匠的劳动量。

一块歙砚石要成为一方砚台，或是成为一个艺术品，这中间的主要工序就是雕刻。雕刻一个歙砚，时间是不确定的，有的耗时一年甚至更多，有的很短，一天就能完成。雕刻时间的长短，不但跟作品的创意构思有关，也跟砚雕工的水平能力有关。

雕刻时用刀的功力最能体现出一个砚雕工的基本功。歙砚雕刻分为两步：一是凿雕或者粗雕，又叫“打坯”，也有叫“降底板”；第二步是雕刻，又叫“细雕”或者“出细”。凿雕就是将设计好的方案在砚石上体现出来，无论是深雕、浅雕、薄意，都需要“降底板”，这样方能凸显砚雕工所雕刻的图案。所谓细雕，即在粗雕的基础上，再作一些精细的处理，以体现砚台的神韵和灵性，这是将砚雕工的思想融入歙砚的一个重要步骤。

具体来说，首先是开池，也就是制作砚堂、砚池。砚堂、砚池是

开砚池

一方砚台最主要的部分，是最能体现砚台实用性的地方。砚池的深浅、大小、形状主要取决于石材的特点和雕刻工的设计方案。砚堂、砚池制作好后，将砚堂、砚池等都凿成后，再用雕刀修饰。图案先刻成轮廓，再逐步细修。然后用砂纸或者磨光机将已经刻成形的砚堂、砚池、砚背和侧面四边，整个砚台认真打磨一遍，这样砚的雏形就能呈现出来了。

其次是图案纹样的雕刻。不是所有歙砚都要雕刻图案纹样，这依赖于设计图纸。有的歙砚上没有图案纹样。图案纹样是现代歙砚的一大特征，也可以说是对歙砚的创新发展。有图案纹样的歙砚，我们称为“雕砚”；没有图案纹样的，我们称为“素砚”。雕刻图案纹样，根据设计的不同，会采用圆雕、浅浮雕或者深浮雕、镂空雕。雕刻的时候先一层一层地去除石料，分出层次，然后逐步深入，直到自己满意为止。对于没有图案纹样的素砚，对砚堂、砚池、砚背面进一步修正。因为在雕刻的过程，对线和面都会有损伤，通过修正，达到还原线条原样的作用。

图案雕刻 1

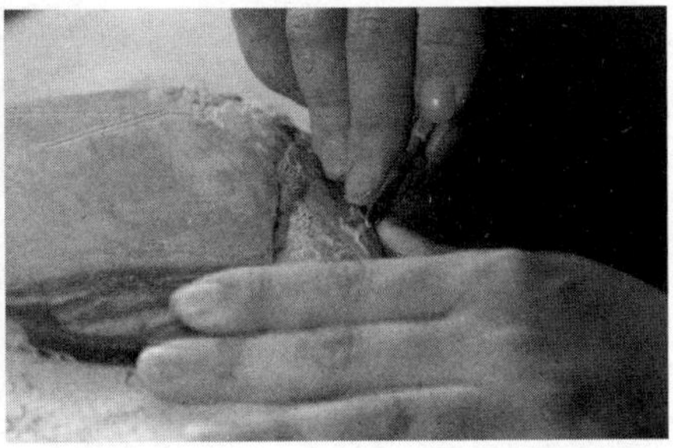
图案雕刻 2

最后就是对歙砚进行细雕修正。雕刻完成后，用细砂纸磨去雕刻时留下的痕迹，用刻刀修正打磨中损伤到的图案纹样。这是砚雕中最后的一步，也是很重要的一步。这一步是完善，在发现细微问题的时候，必须谨慎对待。细磨能够补充雕刻的不足，通过细磨能够使砚上的图案和纹饰更加清晰、凸显。素砚没有图案纹饰，但是也要细磨，使边面线条更加圆润。细磨的时候，毫无疑问会损伤到图案纹样原来具有的效果，所以还要再用刀刻。这样反反复复多次最后才能完成一个歙砚作品。

总结起来，就是在歙砚雕刻过程中，要根据构图内容施以刀法，有的地方刀法需要奔放、刚劲，有的地方刀法需要含蓄、细腻。砚雕主要靠手劲，持刀要稳，下刀要准，推刀要狠，不能晃动。遇到硬处，刀可以略微晃动下，使推力集中在刀刃的某一点上，这样接触面小，压强大，容易推掉硬点。砚的侧面和顶部以及下端，是砚石的剖面，雕刻时最易崩裂，遇到硬处可以直接锯下锉平，直到最后一方歙砚制作成功，正所谓千锤百炼方成砚。一方歙砚刻成以后，并不代表整个雕刻工作的全都结束。

砚雕的一般要求是，掩饰瑕疵，彰显美观，刀不留痕。如果砚背已经刻了砚铭，没有特殊情况就不再刻图案纹样；如果已经刻了图案纹样，包括图案的题字落款，砚铭就要刻在砚的侧面。砚侧是“顶头丝”，硬度高，雕刻的时候，不能滑刀，用刀跨越石丝的方法，就是雕刻砚侧的主要方法。

### （七）刻铭①

歙砚刻铭，就是在歙砚上雕刻文字，也就是将砚铭镌刻在砚背面或侧面。砚铭的内容有的叙述砚的历史、特点，有的赞扬砚的构图和雕工，有的仅交代砚的名称，等等。后来，随着社会的进步，砚铭也由最初简单表示所属关系的姓名，逐渐发展成为一种记事咏物、说理寄情、言志叙怀的文学表达。可别忽略砚铭，一个好的砚铭，有时候能对整方歙砚起到画龙点睛的作用。

砚铭，是我国独有的文体形式，是中华优秀传统文化形式之一。它不仅能增加歙砚的艺术欣赏价值，而且是文物评定的标准和鉴定真伪的依据。砚铭文字虽短，却字字千金，是古代哲人学者的真情

---

①刻铭有两重含义：（1）在金石等器物上镂刻文字。如《汉书·郊祀志下》：“大臣子孙刻铭其先功，臧之于宫庙也。”唐杜甫《赠司空王公思礼》诗：“洗剑青海水，刻铭天山石。”明代陶宗仪《南村辍耕录·斛铭》：“家中量衡无二致，刻铭于斛之四面曰：出以是，入以是，子孙永如是。”（2）刻于金石等器物上的文字。如《宋书·宋白传》：“泰山有唐玄宗刻铭。”

流露。文字隽永，意蕴深邃的砚铭，是文学美与艺术美的融合。砚铭的存在让歙砚真正成为既具有观赏性，又具有实用性的艺术品。砚铭是可长可短，亦诗亦文，是一种不拘一格的自由文体。古人大多把格言、诗句、警句作为砚铭，并奉为自己的行为准则，时时激励自己要躬身力行。

历史上很多文人雅士都喜欢刻砚铭，纵观古今砚铭，或诗或文，或词或赋，其基本内容大约可归为三类：一为记述砚台情实，以表珍爱之念；二为抒发文人志趣，以呈雅达之怀；三是揭示人生真谛，以喻贤哲之理。砚铭作为艺术表现形式，出现较晚。最早的砚铭出现在魏晋时期，兴起于宋元，兴盛于明清，没落于民国，到了现代就很少见到。纵观古今砚铭，虽寥寥数语，却内涵丰富，文词隽永，文体随意。有的朴实无华，直抒胸臆；有的内敛含蓄，耐人寻味；有的诙谐调侃，潇洒飘逸。观赏砚铭，是一种高雅的艺术享受，它可使人从中领悟人生哲理，汲取历史文化知识。读一篇好的砚铭，如在聆听一个智者的教诲，静观古人那一份天淡云闲、清风明月的心情，同时为自己的灵魂营造一块方寸大小的澄清之境。 俗话说砚贵有铭。一方好砚，它集佳石、文学、雕刻、书法为一体，本身就是一件精巧玲珑的艺术珍品，再镌刻上贴切的铭文，就好比锦上添花，身价倍增。

我说了这么多关于砚铭的事情，说明我对这个非常感兴趣。做歙砚这 40 多年，我对砚铭还是有些研究的。但是有个问题，需要弄清楚，砚贵有铭，这肯定不假，从古至今都是。就是现代歙砚雕刻大师的作品，被收藏家收藏的时候，也是砚贵有铭。现代砚雕工匠并不能自由地在砚上刻铭，很多歙砚名家几乎都是在歙县工艺厂工作过的。我们当时生产出来的歙砚都是工作任务，作品都是商品，刻不刻铭，怎么刻，砚雕工几乎没有决定权。我现在还在企业里上班，砚铭也不是想怎么刻就怎么刻。我的一些徒弟，在厂里上班的，现在有几位是非遗传承人，他们也和我一样不能随意在作品上刻铭。可能有人要问：不刻铭，怎么知道砚的生产地、商标？这些我们都在砚盒上标明。

铭与砚相得益彰、相互映衬，能够起到提高砚的价值的作用。砚铭的雕刻手法概括起来有以下三种：一是阴刻，二是阳刻，三是刻阴成阳。阴刻是在砚石上，将笔画显示在平面物体之下的立体线条刻出，也就是将图案或文字刻成凹形。阳刻是指凸起的形状，是将笔画显示在平面物体之上的立体线条。刻阴成阳，就是以阴刻的手法体现阳刻的效果。具体刻法就是用平口刀一角在笔画的内边斜入一圈，有笔画交叉的地方绕开，不能将笔画相连的地方刻断，然后把笔画的痕迹修理干净。这三种刻铭的方法中，阴刻最常用，刻阴成阳的手法非常少，一般只有雕刻大师才会使用。

总结起来说，砚铭的雕刻，需要单刀直入，不用写稿样，直接在砚的适当位置用铁笔（刻刀）“写”字，要求有色、有声、有气势。阳刻就是浅浮雕，不能深雕透剔，要注意大面积的过渡，否则既不实用，雕刻处又容易藏墨垢，难以清洗，关键会让砚铭和整方砚显得俗气。阴刻多以线刻为主，也最为常用。

### （八）磨光

砚雕完成后，砚面和图案纹饰要最后磨光。首先用二百目左右的粗砂纸磨制，目的是磨去凿口、刀路。然后用滑石、细砂纸，最好是一千目至一千五百目的水磨砂纸反复打磨，直到砚台手感光滑为止。图案纹饰部分可以撒些细金刚砂，用牙刷磨光，但是需要显示刀痕的地方，不用磨。砚石磨光的好坏，直接影响砚石的品质及使用的效果。

人们在选择歙砚的时候，除了用水湿砚石鉴赏石质和石纹外，还常用手按摸砚堂，看是否细腻、润滑（即所谓手感），这一切都与砚石的磨光有直接关系。

磨完光后，还有上光。我们平常看到市场上卖的歙砚，都光洁滑润，而且显得特别干净，这就是上过光的缘故。给歙砚上光，一般要求用棕毛刷子蘸少量的油蜡，轻轻涂抹整个砚台，使歙砚看上去晶莹光洁，纤尘不染。使用歙砚的时候，用姜片把砚堂擦拭一遍，就可以研墨了。

歙砚制作艺术既是民族的文化，也是徽州劳动人民智慧的结晶。歙砚工作者必须不断地探索工艺美术的风格和特点，使歙砚雕刻水平始终与时代共同进步。当今，歙砚应该在追求美观的同时，兼顾其实用性，这应该成为歙砚雕刻设计遵循的原则。

打磨

歙砚在制作的时候，有技术标准，这个标准是1984年安徽省和歙县二轻局共同制定的[①]。2009年为了提高歙砚的知名度及产品质量，保护歙砚品牌、质量、特色和歙砚传统的制作技艺，提升歙砚国家级非物质文化遗产的价值，并有效地防止低劣歙砚产品对歙砚行业的冲击，由歙县质量技术监督局、歙县歙砚协会提出，歙县歙砚协会、歙县新安歙砚艺术博物馆、安徽歙砚厂、歙县质量技术监督局、歙县旅游局为主要起草单位，起草制定了《安徽省歙砚地方标准》[②]。我是这个标准的主要起草人之一。这个标准在制定好之后很快就颁布实施了。厂里有这个标准，我们制作歙砚的时候，也基本按照这个标准执行。

### （九）配盒

配盒是根据砚台的大小、形状、薄厚，配制砚盒。砚盒能够保护整方砚台，防止尘埃入砚，又起到装饰砚台的作用。

砚盒一般选用红木、楠木、柏木、白果树或者樟树等贵重木材制成。样式也非常丰富，有拼合式、抱合式、天地盖式、单砚盖式。一般都是盖子厚实，底子较薄，合起来严丝合缝。

改制前的歙县工艺厂有一批人专门负责砚盒的设计和生产。砚盒制作精美，上面的纹饰都是木雕师傅专门雕刻的。砚盒设计应该按照各种歙砚的具体形状配置，定型规格的砚盒按照图纸生产。砚盒要留出空隙，一般控制在0.1 ~ 0.2毫米，较大的砚盒空隙稍微增加一些。这是为了保证歙砚在砚盒里有一定的松动空间，以适应干燥地区和潮

---

① 歙县二轻局专志编写组：《歙砚志》，安徽省歙县印刷厂（内部发行）1986年版，第17~18页。

② 这个标准是由政府和民间行业组织共同制定的，起草人都是歙砚雕刻名家。该标准对歙砚制作的技术指标有非常详细的界定，并配有图片，对于喜欢歙砚而不会鉴别歙砚品质及伪劣的人士大有帮助。这个标准将作为附录，供歙砚爱好者阅读。

湿地区不同的收缩和膨胀度，不然会对砚台造成损坏。

砚盒外面要进行涂饰，也就是进行油漆。除了按照指定的仿旧色彩的以外，都是油漆成色调鲜明的色彩。油漆时要做到油漆均匀、干净、光亮，拿起来可以照出人像。如果是红木制作的砚盒，油漆的时候要保证木纹可以看见。所以，砚盒的制作也是一门技术活。

## 二、歙砚造型与雕刻技法

歙砚的造型丰富多样，有的名砚因为独特的造型加上雕刻，成为收藏的上品，价格不菲。歙砚的造型演变，有着悠久的历史。艺术来源于生活，丰富多彩的生活在歙砚这样的艺术品中得到了很好体现。

### （一）歙砚造型

从歙砚发展过程来看，造型变化非常大，但是归纳起来也就三大类：几何形、仿生形和随形[①]。几何形也叫规矩形，这是歙砚造型的主要形式。通过文献资料可以看出，唐代以来方正形式一直是歙砚的主要形式，具体可以分为正方形、长方形、圆形、六角形、八角形、椭圆形、梯形等。仿生形歙砚，也就是仿造外物的形式，像蝉形、鹅形、龟形、瓦形、钟形、琴形、如意形、莲叶形、竹节形等，林林总总有五六十个品种。随形砚也就是根据砚石的自然形态，随势雕刻而成，有时只是稍微进行一点雕刻和修饰，突出砚石本身的自然美。

---

① 有歙砚研究者不认为自然形歙砚就是随形歙砚。胡中泰在《歙砚：雕刻技艺与鉴别收藏》（中国友谊出版社 2015 年）中认为："自然形也称为天然形，是砚石的原生形态。典型的例子就是天然子石。而随形即是人工依砚石的形态随意制作形成。随形既指随石，也指随心。随形没有规定的模式，既不是自然形，也不是仿物形，是介于两者之间的一种形式。"至于此种观点是否具有合理性，留待学者们评说，笔者在此不持立场，书中仍以曹阶铭的口述作为写作依据。

《如意砚》

唐代的歙砚，以箕形[①]为主要形制。一般都是前高后低、前窄后宽的簸箕形状，背部尾端有两个长方形或圆柱形或梯形的柱形足。背部的顶端有的雕刻成圆头着地，有的雕刻成方头着地。这种歙砚在歙砚博物馆里有实物展出。唐代渠式歙砚，是圆形砚的一种。所谓渠式砚，就是砚的形状像水渠。

唐代末期，歙砚的形态在渠式砚的基础上，开始由箕形逐渐变成梯形和长方形，其实这就是宋代抄手砚的雏形。抄手砚，通俗地说，就是砚底挖空，两边为墙足，可用手抄底托起，方便把砚台拿起来。

整个宋代抄手砚是歙砚的主要形式，只是在造型上有所变化，比如宋代早期的抄手砚呈梯形，砚的两侧向内收紧，形成正面宽背部窄的形制，抄手留出的空间和砚堂、砚池式斜坡相一致的情况，这种形态一看就是典型的箕形抄手砚。到了宋代中后期，抄手砚造型呈长方

---

① 唐代流行砚式之一，形似长方形箕，故而得名，又因砚尾两侧向外撇，似风字形，故又名“风字形砚”。砚形上圆下方，周围有沿，面平，靠近砚首部位有凹槽，以便贮存墨汁，砚底箕口有二足，使无沿的箕口升高，以保持砚面水平。华慈祥：《中国古砚》，上海人民出版社 2012 年版，第 41 页。

形，砚身增高，砚堂逐渐平坦，砚池变窄，而且比较深，这种砚池我们叫它“一分池”。这个时期砚堂和砚池开始分开。宋代除了抄手砚这一具有明显时代特色的主流砚式外，歙砚的质量、砚式种类都是历史上最好最丰富的时期，歙砚文化在宋代达到了鼎盛时期。

明代，抄手砚还是主流，具体的风格我就不再一一讲述了。有本书叫《中国古砚》，是上海博物馆的华慈祥先生写的。对中国古砚台感兴趣的人，可以找这本书来读，这是研究中国古砚最好的一本书。

清代的歙砚形式与明代相比，又有新的变化。虽然清代歙砚延续明代风格，但是在歙砚上出现了雕饰纹样，而且图案多样化。到了清代，歙砚造型与以往朝代相比，最大的变化是抄手砚这种形式逐渐消失。出现的是平底和四边留沿、中间凹下去作为附池的这种造型，并且形成了在附池内题铭、雕刻书画图案这样一种风格。

事实上，明清两代的歙砚已经开始由实用转为实用与欣赏兼顾，有的已经成了单纯的艺术品。尤其是清代以来，歙砚雕工向精细方向发展，精雕细琢的程度已经超过了实用的要求。

明清两代除了抄手砚在歙砚发展进程中逐渐消失以外，一个很有时代特点的歙砚造型出现，那就是随形砚出现。同时在雕刻题材上，清代开始在歙砚上雕刻花鸟虫鱼、人物走兽、山水园林等。而且平板砚也出现了，这些变化都是以前朝代没有出现过的，很显然这些变化更注重歙砚的观赏性。

随形砚前面已经介绍过，这里不再重复。随形砚最大特点是能充分体现出砚石的特色及作者的风格，一砚一式，很少重复。随形砚的艺术含量较高，除使用价值外，更主要的是观赏价值和收藏价值，所以现在的歙砚最多的就是随形砚。制作这类砚不仅要求制作者有精湛的雕刻技艺，还应具备较高的文化修养和较强的创新能力。

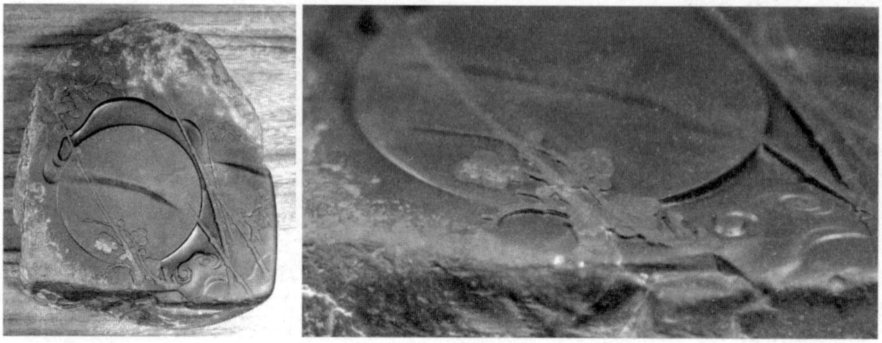

《岁寒三友砚》

现在歙砚雕刻行业，有人认为天然形和平板形也是歙砚的一种造型。天然形砚也叫“自然形砚”，是针对一些极富造型之美或纹色特别优异的砚石，不作或稍作修饰而成的砚。这种砚形基本保持了原石的自然形态，有的只挖个砚池，有的干脆就是一块不加任何雕饰的“原石”，给人的感觉是天然造化、鬼斧神工。这需要雕砚者拥有极强的审美能力及高度的概括能力，正如砚雕大师方建成所说的“不雕则雕”也。

平板砚也称为“砚板”，多为方形或长方形，是一种特殊的砚台。当雕砚者发现一块石品罕见、纹色精绝、没有瑕疵的砚石时，不忍心雕刻以免破坏了砚石的美色，可稍加磨平磨光，或干脆把六面锯平磨光，制成砚板供欣赏或待构思成熟后再雕刻。

对于将以上两种形态归类为歙砚造型的看法，是纯粹从歙砚欣赏价值的角度进行定义。完全抛弃了歙砚的实用性价值，歙砚本身的特性，也就是实用性就彻底消失了，千年歙砚存在的意义和价值就只是观赏，如此一来，歙砚何为歙砚。或许这是一种潮流，也可能是一种趋势，我在制作歙砚的时候，也出现过淡化实用性而追求观赏性的情况。歙砚今后的造型发展，还是留待时间去见证吧。

上面讲的是歙砚造型的演变，具体来讲，在古砚中，规矩形砚和肖形砚是最常见的。规矩形歙砚在清代以前，主要是长方形、正方形、圆形、椭圆形、六棱形、八棱形、梯形等规矩的几何形状，而同一形状不同的长、宽、高比例及砚堂、砚池的不同开法，又形成各具特色的多种砚式。这种砚的特点就是“规矩”，墨池深，砚堂大，实用性较强，讲究规范匀称、比例恰当、线条挺拔，给人的感觉是庄重典雅、简洁素美。清代朱栋《砚小史》中的《沈仕砚图十五品》总结出了砚台的十五种常见形制：圆形一种，为“月池砚”；椭圆形三种，分别为“玉堂砚”“玉室砚”“玉环砚”；正方形一种，为“方城砚”；长方形八种，分别为“舍人砚”“太师砚”“内相砚”“都堂砚”“铭雀砚”“只履砚”“双履砚”“东坡砚”。

肖形砚也就是仿造生物、器物等的形象而制成的砚，分肖物砚与仿生砚两种。肖物砚包括钟形砚、瑶琴形砚、石鼓形砚、圭璧砚、瓦当形砚、书卷形砚、竹节形砚、贝壳形砚、葫芦形砚、蕉叶砚、荷叶砚、桃形砚、金钱砚等。仿生砚包括龟形砚、蟾蜍砚、蝙蝠砚、螃蟹砚、鱼砚、鹅砚、牛砚、耄耋砚（猫与蝴蝶）等。上面讲的这些造型，我们基本都模仿雕刻过。事实上在随形砚式以及写意山水被大规模推出以前，我们雕刻歙砚的砚式和题材也只能以上面讲的那些为主，这是业界公认的事实。

### （二）歙砚的雕刻图案及题材

歙砚制作的图案设计及题材的选取，都体现出传统文化中美好的寓意。中国吉祥纹饰源远流长，通常都是以吉祥语、民间谚语、神话故事为题材，用借喻、比拟、双关、象征等表现手法，将图案和吉祥语完美结合，凝结着人们的美好愿望。歙砚的设计题材很多是以传统题材为主，主要追求一种吉祥寓意，凸显出独特的意境美。常用图案主要有以下几种。

大吉，凤和牡丹的图案。凤为鸟中之王，牡丹为花中之王，寓意富贵。丹、凤结合，象征着美好、光明和幸福。民间常把以凤凰、牡丹为主题的纹样，视为祥瑞、美好、富贵的象征。

知足常乐，蜘蛛的图案。蜘蛛在今天不受人待见，但是在唐朝，蜘蛛因其停于壁上的形状，被称为“壁钱”。一般认为此虫出现乃是吉兆，称之为“蟢”或“蟢蛛”。刘勰的《新论》中说“见画蟢子为喜乐之兆”。

年年有余，莲花、花瓶与鱼的图案。“莲”与“年”谐音，“鱼”与“余”谐声，两者在一起表示“年年有余”，表达富足、丰收的愿望。鱼一般为鲤鱼。

双龙戏珠。龙，《说文》十一：“龙，鳞虫之长，能幽能明，能细能巨，能短能长，春分而登天，秋分而潜渊。”珠，指夜明珠、珍珠。后演变成“耍龙灯”的民俗活动，“二龙戏珠”即由“耍龙灯”演变来的，有庆丰年、祈吉祥之意。

吉祥如意，螭龙和如意祥云的图案。古人将龙分为四种：有鳞者称蛟龙，有翼者称为应龙，有角的叫虬龙，无角的叫螭。螭龙被汉族民间认为寓意美好、吉祥。如意是随佛教一道从印度传来的，传说僧侣讲经时，为避免忘词，常将要点写于其上。我看到的菩萨像往往手持如意，为佛具之一。从古至今，如意祥云一直是最吉祥的图案之一。

生生不息，图案为花生。大花生与小花生喻子孙昌茂，繁衍不息。

指日高升，图案为坐看日出。以海面为背景，一轮太阳在海面徐徐升起，取意官运亨通。

和合二仙，图案为寒山、拾得二圣。和仙、合仙，是指高僧寒山和拾得。寒山，一称“寒山子”，唐代僧人，相传他居丰县（今浙江天台）寒岩，喜吟诗饮酒，与天台国清寺僧人拾得为好友。清雍正十一年（1733），寒山、拾得分别被封为和圣、合圣，世人称“和合二仙”或“和合二圣”。“盒”与“合”“和”同音，喻“和合”。旧时民间嫁娶，喜挂和合像，取“和谐好合”之意，以图婚姻美满。

歙砚的雕刻题材十分广泛，山水、楼台、亭阁、树木无所不取，人物、走兽、禽鸟、虫鱼无所不包。

古风题材，取材于中国古代不同时期的雕塑、雕刻、绘画、书法和工艺品的造型、文字、图案或直接以这些物品作为构图的主体，如古钱币、瓦当、汉砖、残碑、竹简、印章等，给人以浑厚古朴、典雅大方的感觉，饱含着书卷之气。

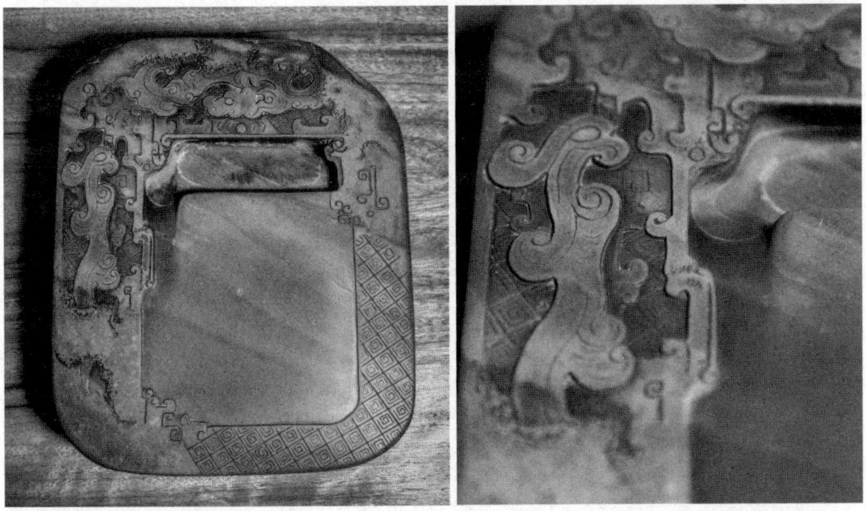

《青铜遗韵砚》

诗意题材，即直接在中国传统的诗词中取材，或者在石材的形状、石品、花纹中发现诗意和创造诗意，如“高山流水”“独钓寒江雪”“轻舟已过万重山”“观沧海”“满江红”“举头望明月”“多少楼台烟雨中”等。

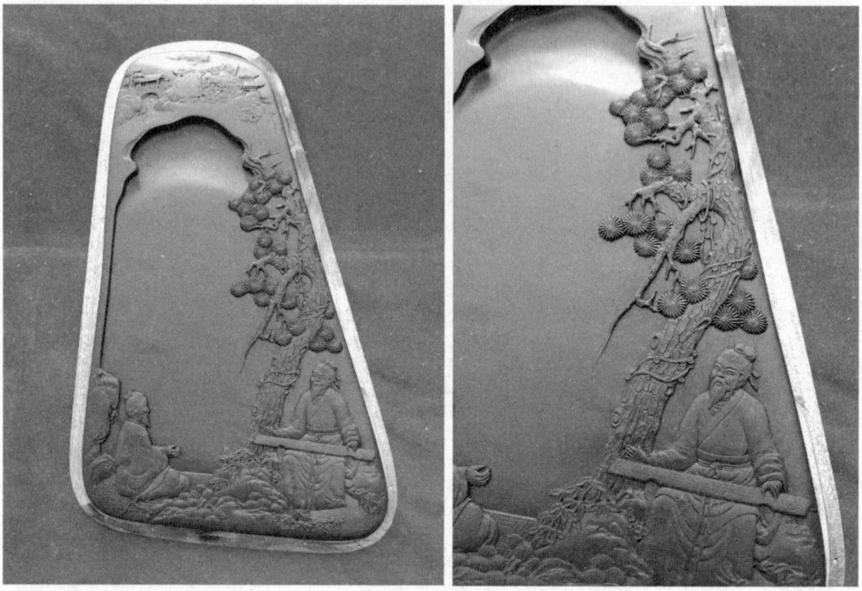

《高山流水砚》

画意题材，即自然和社会的景物皆可作为雕刻的内容，如“秋山访友”“花间一壶酒”等。

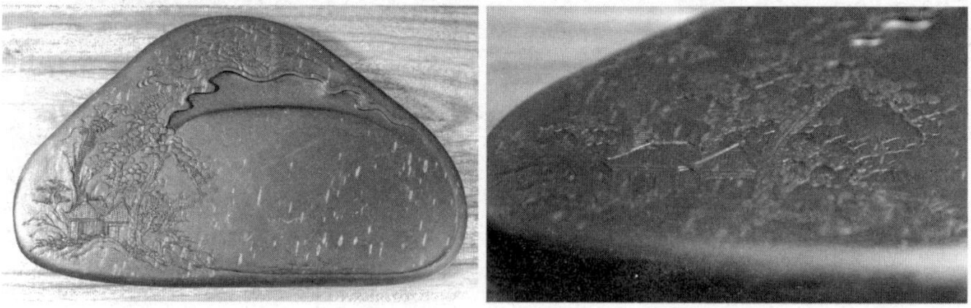

《江南秋雨砚》

名人题材，即以历史名人的轶事、掌故为题，用砚雕加以表现，如“米芾拜石”“昭君出塞”“贵妃出浴”“太白赋月”等。

神话题材，即取材于中国古代传说故事，如“天女散花”“八仙过海”“洛神出水”“夸父追日”等。

传统题材，即我国砚工长期相传下来的一些较为固定的表示吉祥喜庆的题材。“玉必有意，意必吉祥”，砚雕的创作亦然，传统题材一般都有美好的寓意，如“年年有鱼”“福到”“珠联璧合”等。

现代歙砚雕刻图案和题材，多是继承传统，但也有所创新，尤其是写意山水在雕刻中的运用，使得歙砚更具有现代气息。正是有了这么多丰富的题材，歙砚才能使多种石品、纹色的砚材“物尽其用”，并且“锦上添花”。同时也最大限度地满足了多方面、多层次的人们对歙砚不同的审美需求。

### （三）歙砚雕刻技法

关于歙砚的雕刻技法，严格来讲，应该包括整体形式的制作和图案纹样的雕刻两种技法，但是我们一般讲歙砚的雕刻，多指后者。

一方好的歙砚，必须首先从整形开始。石料形状怪异、唐突、参差不齐，如不加以整理，即使雕刻技艺再精良，也不可能成就一方佳作。老工匠们就曾说过：“形重在先，务须得适。”整形其实很不容易，是砚雕作品成功的决定性因素。要做到去其尖锐留其自然，边形流畅、不滞不呆，随形而不随意，就要求创作者具备较深的审美修养和文化底蕴，没有相当程度的艺术修养或者多年潜心制砚的历练，是很难达到尽如人意的效果。

其次是构图。设计图案要以形利形，以色度色，因材施艺，遮弊显巧，追求人工与天工的浑然天成。比如说，遇到了歙砚石里的石筋，可以用叶茎蛛丝来进行虚化。歙砚石里的眉纹、金晕、金星等天然纹理的处理，可以用眉纹为鱼脊，用金晕来模仿云烟，用金星来象征落花。设计创意的形象题材一般都是以吉祥图案为佳，这个我在前面也说过，如梅、兰、竹、荷、灵芝、松柏、迎春花等植物，也可以马、牛、羊、兔、麒麟、蟾蜍、鱼等动物为题材。人物题材则以文人类或传说、故事中的人物形象或民间人物形象为宜，这些代表着世人对美好事物的永恒追求和心愿寄托。武将、鬼怪、菩萨、领导人之类最好不要用，我们歙砚制作不同于北方的一些非遗作品，像泥人张作品、杨柳青年画等，反而会出现这样的图案。毕竟歙砚除了艺术欣赏价值之外，还有实用功能，试想如果在菩萨或领导人头上涂墨，那就有大不敬之嫌了。我说这话的意思是，尊重正常的审美标准一直是我们生活中的主流，按照制砚的传统规矩行事，追求高雅，去除庸俗，敢于创新而不是搞怪立异，是歙砚制作应该遵守的章法。

最后是破刻。合理巧妙的设计，用朴素的刀笔之法顺势而为才最有意境。一般情况下，砚堂不能太小，线条也不能太夸张。砚形创意图案设计出来以后，在制作过程中应视情况随时调整、修改或补充。因歙砚石料每层的纹理都会有改变，所以在制作中必须一直注意纹理的变化。还要注意在敲、靠、铲的时候，因用力、停顿对砚石整体或局部所造成的新变化。发现和应对雕砚过程中出现的种种新变化，是个非常有趣的过程，也非常富于挑战性，时常会带来新的思路，持续激发我们的创作热情。

歙砚的雕刻技法有浮雕、阴刻、圆雕、镂空雕、线雕等几种。

1. 浮雕。浮雕作为半立体型雕刻的一种，是歙砚雕刻中最常使用的雕刻手法之一。浮雕，顾名思义，就是通过浅浅地雕刻，使图案的线条浮凸于整方砚的表面，以三维立体形式生动地向观赏者呈现整幅作品的图案。浮雕是雕塑与绘画结合的产物。根据图像造型从砚石底面凸出程度的不同，浮雕可分为浅浮雕和深浮雕，也有人把深浮雕叫作“高浮雕”。浅浮雕是单层次雕像，内容比较单一，图案和花纹浅浅地凸出底面；高浮雕则是多层次造像，内容较为繁复，图案和花纹凸显的程度更深。当下颇负盛名的薄意雕就属于高浮雕的一种。巧雕则借巧色雕刻，既有浅浮雕，又有高浮雕。浮雕的雕刻技艺和表现体裁与圆雕基本相同。

2. 阴刻。阴刻又叫“沉雕”，与浮雕相反，是从石材表面刻入，形成凹陷，使图案纹理凹陷于沟缝内而低于材质平面的一种雕刻手法。沉雕对于技术要求比较高，砚雕师不仅要有很娴熟的砚雕技艺，而且要有很好的绘画功底，才能使线条有起讫、顿挫和深浅有致的效果，才能体现出动态和美感。

3. 圆雕。圆雕又称“立体雕”，是砚雕师的设计构思在石材上的整体表现，观赏者可以从不同角度看到物体的各个侧面。它要求雕刻者从前、后、左、右、上、中、下全方位进行雕刻。由于圆雕作品极富立体感，生动、逼真、传神，所以圆雕对石材的要求比较严格。从长宽到厚薄都必须具备与实物相适当的比例，然后砚雕师们再按比例“打坯”。圆雕一般从前方位开雕，同时要求特别注意作品的各个角度和方位的统一、和谐与融合，只有这样，圆雕作品才经得起观赏者全方位的“透视”。砚雕师们一般喜欢根据砚石本身的形状特性进行构思，为其量身打造恰当的艺术题材，再施以圆雕技艺，将艺术整体赋予砚石上。

4. 镂空雕。镂空雕又称“透雕”，是穿透整方砚石的雕刻，使整方砚石具有玲珑剔透之美。这种雕刻手法也较少出现在歙砚雕刻中，原因是它与砚的一般造型、龙尾石的石性不相适应。然而，少并不等于没有，在当代一些歙砚制作中曾出现镂空雕的现象，有的镂空雕覆盖整方作品，有的则用于局部造型。镂空雕不局限于石材的表面，连砚石的内部都被雕刻工艺所覆盖，使得整方石材前后左右的雕刻花纹连通贯穿，面面相连。镂空雕多用凿子雕凿，接着施以平面雕刻，一般要经绘图、镂空、凿粗坯、修光、细润等一系列操作工序。镂空雕的作品有比较匀称的空洞，能透视雕刻的图案。镂空雕刻工艺复杂、难度高，砚雕师除了要具备娴熟的雕刻技艺外，还要有高超的智慧与巧妙的构思。

5. 线雕。根据线雕中线的区别，线雕可以分为阴线雕刻和阳线雕刻，阴线即雕刻的线是凹下去的，阳线则相反，是凸出来的。线雕最早是用于骨器上，后随着社会经济的发展，渐渐用于玉石、木材、贵金属等。也是在这个过程中，线雕渐渐运用到歙砚的雕刻中来。

在歙砚的雕刻中，按图案的形式选择相应的雕刻手法是十分重要的。对于雕刻手法的使用，要根据图案的形式来选定，有的图案可以以一种雕刻手法来完成，有的图案则需要几种雕刻手法配合使用，才能较好地完成。如二方连续和对称式的花边纹样，就以浅浮雕和阴刻的手法结合起来运用，效果比较好。组合图案则以浮雕、浅浮雕等多种雕刻手法综合运用比较好，局部还可适当以镂空雕的手法加以点缀，如果运用得当，可起到丰富画面的作用。

有些歙砚尽管没有任何纹饰，却具有一种特殊的美感。这种美感同样来自雕刻，这种雕刻虽然没有太多的纹样，只有线条和平面，但是这些线条的力道和浑厚融入整方砚中，其艺术效果更加彰显。

## 三、歙砚雕刻的艺术风格

自然天成的歙砚石、精美的造型、富有想象力的图案纹饰加上砚工精细的雕琢，使歙砚不但具有很高的艺术价值，更具有内涵丰富的文化价值。历史上赞美歙砚的诗词非常多，有两首对歙砚进行赞美的诗，名字就叫《歙砚诗》，非常好，我很早就能背下来。

一首是：

歙溪澄湛千寻碧，中有崎嵚万年石。
腰粗入水始能凿，一砚价直千金璧。
轻丝腻色恍莫分，熟视微见青罗纹。
乃知金线鸲鹆眼，如玉有瑕安足论。①

还有一首是：

多谢君持重见珍，砚从黟水濯来新。
持当夏画南窗下，玉发光晖冷照人。②

这两首诗不但描写了歙砚石的开采，也说到了歙砚的珍贵及价值。从事砚雕四十多年，我也见过上等的砚石，包括文物级别的歙砚。我自己雕的歙砚有些也成了名品，我对歙砚的感情不是一般人所能够理解的。我到现在也没法用一个词语或者一句话就把歙砚的美完全概况出来。歙砚之美，歙砚雕刻的艺术风格的形成离不开以下三个方面，而这三个方面也充分体现了歙砚雕刻的艺术风格。

第一，得益于歙砚石自然天成的纹理。不管是哪个砚品，雕刻风格都会受到石材的影响，歙砚雕刻也不例外。做砚雕的人常说，歙砚石是老天爷对我们徽州工匠的恩赐，没有哪种砚石天然的纹理能够超过歙砚石。我们就拿歙砚石上的金晕来说吧。“晕”是指太阳、月亮周围形成的光圈。金晕形态万千，变化无穷，大小不定，给人以一种独特的朦胧美。金晕本身的色彩和纹理的变化就具有天然美和自然美，如国画中的浓淡墨色晕染，自然成趣、风韵天成，又似云雾缭绕的仙境，让人浮想联翩，不能完全说出其中之美妙。我们又把金晕纹理归纳成山水金晕与物状金晕两种类型。山水金晕，即金晕的形状如山川、

① 宋代诗人陈瓘的《歙砚诗》。陈瓘（1057—1124），字莹中，号了斋，沙县城西劝忠坊人。宋元丰二年（1079）探花，授官湖州掌书记。历任礼部贡院检点官，越州、温州通判，左司谏等职。陈瓘为人谦和，不争财物，闲居矜庄自持，不苟言笑，通《易经》。

② 北宋诗人赵清献的《歙砚诗》。赵清献即北宋名臣赵抃（biàn），清献为其谥号。赵抃（1008—1084），字阅道，号知非子，衢州西安（今浙江省衢州市）人。为政清廉，有“铁面御史”之称。

河流、云烟等。物状金晕，即金晕的形状如人物、动物、植物等，惟妙惟肖。歙砚中具有人文气息的砚雕精品大多是根据金星、金晕纹理设计而成的。天地灵气结而为石，孕育出的形态如人似鸟、如花似鱼，似是而非而又独具神韵，妙趣天成。围绕其材质的形态巧妙设计，融合中国传统文化中的诗、书、画、印等诸多文化元素，使画面和谐完美，达到与石共鸣、天人合一的完美境界。雕刻的时候充分把握利用好这样的天然纹理，加上好的设计构思，歙砚的艺术风格就淋漓尽致地呈现出来。

第二，博采众长，自成特色。前面我说过，歙砚是徽州人民智慧的结晶，也是徽文化的体现。一方水土养育一方人，歙砚在一千多年的发展演变过程中，不但深深打上了时代的印记，也深受浓郁的徽州文化的影响。融合、借鉴、吸收徽州雕刻艺术和新安画派的技法、表现手法，博采众长，自成特色，是歙砚艺术风格的一大亮点。具有徽派风格的砖雕、石雕、木雕、竹雕四种民间雕刻工艺简称“徽州四雕”。徽派“四雕”以歙县、黟县、婺源县最为典型，保存得也相对较好。主要用于民居、祠堂、庙宇、园林等建筑的装饰以及古式家具、屏联、笔筒、果盘等工艺雕刻。“四雕”的历史源于宋代，至明清而达极盛。明代雕刻粗犷、古朴，一般只有平雕和浅浮雕，借助于线条造型，而缺乏透视变化，但强调对称，富于装饰趣味。清代雕刻细腻繁复，构图、布局吸收了新安画派的表现手法，讲究艺术美，多用深浮雕和圆雕，提倡镂空效果，有的镂空层次有十余层，亭台楼榭、树木山水、人物走兽、花鸟虫鱼集于同一画面，玲珑剔透，错落有致，层次分明，栩栩如生，显示了雕刻工匠高超的艺术才能。所以，歙砚的图案内容、图案形式、雕刻手法与徽州地区的四雕都有相通之处。这种借鉴、吸收、融合大大促进了歙砚雕刻艺术的发展，也丰富了歙砚雕刻艺术风格的形式。我的很多作品里都有体现，像《歙州竹砚》和《松月砚》在雕刻的时候我就运用了深浮雕和透雕的技法。

第三，传承中不断创新。歙砚发展到今天，雕刻的艺术风格有了很多的变化，这种变化不是说哪一天发生的，这种变化是发展中的创新。传统的东西，我们不能抛弃，没有传统就没有创新发展的基础。传统歙砚雕刻艺术风格，是歙砚千年发展史上，徽州砚工一代又一代在实践中探索、总结而逐渐形成的。传统歙砚雕刻中所蕴含的古朴典雅的艺术风格，在今天依然得到砚雕工匠的认可，并很好地传承下来。创新变化主要体现在图案纹饰的雕刻更突出艺术性和观赏性。这是时代发展的必然趋势，是不可逆转的。传承与创新不是矛盾的，不是非此即彼的。传承传统是根，根深方能叶茂，创新也才能更有生命力。传承和创新是歙砚雕刻技艺保存的根本所在。

## 四、歙砚鉴赏

我国文人历来重视砚台的鉴赏，并有相当的研究。在文人眼里，歙砚实际上是自己的财产，莫不精益求精，爱护不已。苏东坡说：“我生无田，食破砚。”戴复古也说：“以文为业，砚为田。”除了“终生与俱”外，还把名砚作为家珍传给后代，这种风气，晋朝就有。晋《陈留志》云：“范乔年两岁，祖父馨卒，临终扶其手曰：‘恨不见汝成人，以吾所有砚与之。’”至于以名砚殉葬者更多。

歙砚的鉴赏标准，一是它的实用价值，二是它的艺术价值。古砚还有文物价值。实用价值在于发墨益毫，设计合理。歙砚质量的优劣，首先取决于砚石，其次是雕工。砚石品类繁多，各类石质都有自己的真品。罗纹类以细罗纹、暗细罗纹、犀角罗纹、鳅背罗纹（日本人称为“鱼子罗纹”）为上品。犀角罗纹与鳅背罗纹石质是一样的，主要是炭质黑点形状不同。易于被忽视的是暗细罗纹，这种罗纹乍看什么罗纹都没有，对光审视，纹理隐约，精细紧密，是罗纹中的佼佼者。眉子以金丝眉、水浪眉、雁攒眉为三绝。金星，是一种氧化铁，在歙砚中只起到装饰作用，其之顽硬，多了反而锉墨伤笔，毫无实用价值。有经验的砚雕家往往把金星多的一面安排在砚的背面，除非因为设计构图的制约和砚石的制约，否则砚堂里尽量避免金星介入，这样既实用，又美观。

歙砚主要优点之一是“玉德金声”。玉乃石之美者。什么是玉德？《说文解字》中称：“润泽以温，仁之方也；鰓理自外，可以知中，义之方也；其声舒畅，专以远闻，智之方也；不折不挠，勇之方也；锐廉而不忮，洁之方也。”识玉的原则是“守德而次符”（符，即玉的花纹）。今人鉴赏歙砚，也离不开“德”和“符”这两个基本的条件，而总是把“德”放在首位，“符”放在次要位置。金声是指砚石成分紧结，密度高，“其声舒畅远闻”，是其他砚石所不具备的。

歙砚的主要优点之二是易于发墨，这一点在诸多名砚中居于首位。端砚“十无一二发墨，但充好玩而已”。清代江宁程锦庄诗云：“一生多被端砚误，老去方知歙砚佳。”现代学者一致认为，端砚、歙砚在发墨上各有千秋。歙砚易于发墨的原因是歙砚内部含有云母石，分组细，聚结紧，石英颗粒分布均匀，细而有峰，柔中带刚，故使用时涩不滞笔，滑不拒墨。清代徐毅《歙砚辑考》云：歙石之粹然者，温润静洁，纹理缜密，抚之若柔肤，磨之如利峰，方以端溪，其质其色，无不远胜。

歙砚的主要优点之三就是易于洗涤，多年的宿墨，一涤即莹，容光焕发，润泽如新。这是因为歙石坚润，自然空隙少，不吸水，不涸墨。其他砚石“凡石质坚者必不嫩，润者必多滑，惟歙石嫩而坚，润而不滑，虽用积久，涤之略无墨渍。此其所以远胜端溪也”。

歙砚以苍青色者居多，故有“端石如艳妇，千姿百态。歙石如寒士，聪俊清癯”之说。其实，歙石不仅苍青色一种，还有透绿、青碧、青绿、米黄、紫红等色。

歙砚的艺术价值主要在于雕琢。先看造型，后看雕刻布局和刀法。造型原则有两个：一是根据石料的形状、斑纹而设计，即所谓“随石赋形”“因材施艺”；二是根据研磨和存墨设计，考虑实用。雕刻方法有三种：一种是繁作（又称为“俗作”）；二是简作（又称“文作”）；三是写生作（又称“仿真作”）。繁作设计属于图案式，精雕细琢，左攀右挽，以显富丽，元代、清代多行此作；简作设计属于弦纹式，突出线面的刚柔转折，以素著称，铭文图案雕于砚背，宋代、明代多是如此；写生作是清末脱繁作之俗的新雕法，把瓜果草虫雕饰于砚，栩栩如生，独具匠心。

歙砚多以简作为主，也吸收了繁作的长处。精巧的平底图案衬托着细腻的弦纹，更显得素雅大方。另外，按石品纹理特点巧施匠心也是常见的。这样的作品有：“二龙戏珠”以金星为龙眼，“嫦娥奔月”以金晕为祥云，“天女散花”以银星为花朵[①]，“鱼翔浅底”以金线为波浪，都非常形象逼真。对于很美的斑纹，就应该顺其自然，不用雕刻。否则，就成了画蛇添足，反而丧失了原有价值。总之，雕刻和选择花纹，都应为实用服务。

历史上文人墨客对于名砚有八个评判标准：纹斑绮丽，玉德金声；坚劲发墨，下墨如风；经久不乏，停墨浮艳；贮水不涸，历寒不冻；涩不留笔，护毫佳秀；滑不拒墨，磨墨无声；瓜肤縠理，涤之即净；池阔容墨，文作天工。这些标准，歙砚全都具备。

品砚经验不足的情况下，也有其他方法可用。方法一，将歙砚放在光亮的地方，滴几滴水在砚的表面，用手指擦均匀，仔细观察，擦

---

① 曹阶铭《天女散花砚》即为此类作品。

湿的地方有没有发亮的金刚砂点，如果光点细如针尖密密麻麻，就是发墨的好砚，光点少或者没有，那就差了很多，是下品。方法二，用一手托砚，另外一手用手指弹砚，听其声，声如金属者佳，闷声者差，多为泥质。方法三，用手掂掂砚的分量，重者好，轻者差。方法四，试试吸水性，擦在砚表面的水，不易干者佳，易干者差。方法五，手指轻触砚面，有汗印者佳，无汗印者差，冰凉者佳，暖者差。

我们在阅读关于歙砚的书籍或谈论歙砚的时候，经常遇到一个词——发墨。很多人认为发墨就是研磨或者磨墨，这样理解不是太全面。“发墨”这个词的真正意思是，用最短的研磨时间，用最轻的压力，研磨出来的墨汁充分显现墨的浓度、细度、芳香和墨色（即浮艳），在宣纸上渗晕自如，墨韵和灵气体现得淋漓尽致。由于墨的原料、品种、优劣、新旧程度各异，不同质地的墨，在同一歙砚上研磨，“发墨”效果并不一样，所以，砚和墨的质量都会影响到“发墨”效果。

## 五、歙砚的保养与维护

用砚还需要养砚，用到 “养”这个字，我们都能体会到其分量。一方歙砚不管是拿去使用，还是留着观赏，都要细心养护，否则就是暴殄天物。我这话别人听着可能会觉得言重，这话出自砚雕工之口，大家也不用太责怪。歙砚雕刻工对歙砚的感情，一般人可能不太理解。歙砚的保养是有讲究的，就歙砚的保养而言，主要有以下几个方面：

1. 用砚时，歙砚经雕刻打磨完成之后，都要在砚上“打油”，常用的是核桃油、蓖麻油等，我们用得比较多的则是缝纫机油。因此，在新砚启用之前，先用水砂纸（500 号以上）将砚堂轻轻打磨，然后用水洗净，打磨的目的是去掉砚上的油渍，古人将此称为“开砚”。砚用久了之后，要是觉得发墨效果不如从前，也可以用以上“开砚”

方法操作，这样砚石的锋芒就能恢复如初。

在砚上研墨的时候，要用清凉的水，最好不要用茶水之类的有颜色的水，也不能用温度高的水。有颜色的水会影响墨色的纯正，温度高的水对墨对砚都不利。用的墨也是有讲究的，质量太差的墨在砚上磨时会出现伤砚的现象。差的墨锭中常出现细颗粒的硬物，这种硬物会在研墨时划破砚肤。墨研好后，不要将墨锭放在砚上，应把墨锭放入墨床或墨盒之中。墨锭放在砚上会造成墨锭与砚黏结，因墨中有胶，等干时再将墨锭提起时，不是伤砚就是伤墨。在用新墨锭研墨时，用力不可过猛，以免新墨锭的棱角划伤砚。

我们行内有句俗语叫“宁可三日不洗脸，不可一日不洗砚”。砚用过之后，应该及时清洗，以保持砚的洁净和二次研墨时墨色的纯亮，喜欢用宿墨者例外。洗砚要用木盆，不要把砚放在水池里洗，防止碰撞，用的水也不宜太热。几方砚一起洗的时候，要洗完一方，再洗另一方，避免相互碰撞。在清洗中，注意避免砚与硬物碰撞，造成破损。砚洗干净后，最好在墨池中注入少许清水，可起到养砚的效果。洗干净的砚，不要立刻就往里注水，要等砚彻底干了后再注入清洁的水研磨，这样可以保持墨色的鲜艳。

2. 赏砚时，用砚的过程实际也是对砚石的欣赏过程，砚石的石质美是要通过使用来体现的。当然，人们赏砚更多的是观看和用手把玩，这是对砚的形式美与材质美的一种感受。在玩砚的过程中，对砚也是一种呵护，砚经人手经常抚摸，手中的汗液可使砚肤更加滋润。这就好比人们佩戴的玉器一样，时间一长，玉的色泽也随之变化而退掉“火气”，砚在手中把玩得时间长了，也会出现这种效果。如果藏砚比较多，而工作又忙，没有时间经常抚摸所收藏的砚，可不定时地将所收藏的新砚上油，以增强砚肤的润泽。但油不可上得太多，上油后必须用柔软的布进行擦拭，直到砚肤亮润，手抚摸砚肤时没有油的感觉为止。赏砚的时候，要注意在桌子上铺一块毛毡，不能让砚和玻璃、金属等物体发生碰撞，也不能让两方砚之间发生碰撞，否则容易伤砚。

3. 藏砚时，砚的包装物为木盒，砚放砚盒中有种安全感，古人就曾说过 “砚入盒为安”。无论是用砚还是收藏砚都一定要配好砚盒，砚盒分底和盖两部分，一般根据砚的大小和形状制作。在制砚盒时要求留有适当的松动位置，因为时间长了木材总免不了有收缩的现象，而砚是不可能收缩的。所以，在制砚盒时一般都会依砚的形态在其四周留出两毫米左右的空间。砚存放在家中要注意以下几点：不能将砚放在阳光直射的位置，以免砚石干燥和砚盒变形；不能在零度以下用砚，温度太低会导致砚上结冰，这对砚石是不利的；不能将砚和锐利的物品放在一起，以免在拿取时碰撞导致砚的损坏。

砚用久了会出现失去锋芒的情况，主要原因有两个：一是砚石锋芒长时间研磨后导致的钝锉；另一种是长时间不清洗，砚面上结上胶。前一种情况用瓦片轻轻地擦拭就可以了；后一种情况用生姜汁浸泡，然后用木炭磨，或者用零号的砂纸打磨，这样就可以让歙砚恢复砚锋了。

古歙砚除了砚面以外，其他地方都不能打磨，否则会失去“包浆”①。古砚从砚盒中拿不出来的时候，要用双手托住砚盒，把砚盒倒过来，放在桌上轻轻敲击砚盒边，让砚掉出来，千万不能拿工具撬。如果砚盒出现收缩的情况，砚放不进砚盒，可以用砂纸打磨砚盒内侧，而不能为了保存砚盒，去磨砚的边。如果遇到砚池开裂或者砂眼渗水的情况，可以把砚先清洗干净，然后浸泡到淘米水里，浸泡两到三天，

① 古砚包浆是古砚台在流传过程中外表所形成的一种光泽。歙县二轻局专志编写组：《歙砚志》，安徽省歙县印刷厂（内部发行）1986 年版，第 50 页。

再把砚拿出来晾干。然后用石粉调生漆[①]，调到软面一样，用角刀将漆灰揿入裂缝或者砂眼，三到五天阴干就可以了。砚要是长期不使用，清洗干净后稍微涂一层核桃油或者光蜡，放在砚盒中收藏起来，以后用的时候，拿出来用布擦过就可以。

① 石粉调生漆，不但是修复歙砚裂缝和砂眼的办法，也是修复断裂的古砚的方法。歙县二轻局专志编写组：《歙砚志》，安徽省歙县印刷厂（内部发行）1986 年版，第 51 页。

第四章

# 改制那些年

# 一、失落的十年

我们平常说歙砚厂，这个称呼是不严谨的，这个称呼还有点乱，有歙砚厂、歙县工艺厂、老砚厂和新砚厂等不同的叫法。所以这个概念需要搞清楚。现在关于歙砚的信息非常多，但是对于歙砚厂的介绍就很少，网络上也很难查到。我现在工作的歙砚厂，最早的名称是歙县工艺厂，1984 年改为安徽歙砚厂，企业改制时被安徽省歙县老胡开文墨厂兼并收购后，还是沿用安徽歙砚厂这个名称。歙县老百姓讲的老歙砚厂就是改制前的，新歙砚厂就是改制后的。歙县工艺厂和安徽歙砚厂，这两块招牌，企业改制前和改制后，都同时使用，都挂在大门上。

## （一）繁荣

老歙砚厂的发展经历坎坷，可以说是两头坎坷中间顺利。老歙砚厂成立于 1962 年，结束于 1999 年，总共存在 38 年时间。我是 1973 年进厂，到老歙砚厂被兼并，我在老歙砚厂工作了 26 年。老歙砚厂的发展，我参与了大半时间，由兴而衰我是亲历者，也是见证者，个中滋味，五味杂陈。下面我就来详细讲老歙砚厂的情况和我个人的具体感受。

1949 年后，国家百废待兴，经济建设需要资金，急需产品出口创汇。1956 年国家领导人强调要重视传统手工艺品生产的问题，接下来就有了工艺美术品生产的具体方针政策，要大力发展工艺品。

1962 年，安徽省手工业管理局的负责人到歙县传达中央和省里关于恢复工艺品生产的规划，决定尽快恢复歙砚生产，紧接着歙县工艺厂成立。歙县工艺厂成立后，制砚工人都是怎么找到的，到现在我都没确切的信息。民国初年，歙砚生产就已经濒临绝境，在歙县只剩下一家歙砚店铺，叫翰宝室，店主的名字叫汪义兴，店的位置就在县城打箍井①街，生产低档次歙砚。到抗日战争的时候，这家歙县仅存的砚店也倒闭了，制砚工人也纷纷改行。我猜测，歙县工艺厂成立的时候，制砚工人应该是从以前改行做徽州雕刻的工匠里选的，这或许也是制砚技艺能够传承的一个主要原因。

歙县工艺厂不单单生产歙砚，也生产其他手工艺品，像竹编等手工艺品。生产产品类型是响应国家号召，大力发展工艺品。生产这些东西，我们歙县有得天独厚的资源优势。歙县工艺厂成立后，1963 年 2 月，歙县手工业管理局组织了歙砚石探查小组，去婺源龙尾山寻找砚石，因为长时间没有开采，探查小组根本找不到历史上非常出名的龙尾矿坑，当地的老百姓也对矿坑的事情一无所知。后来在当地政府的帮助下，找村里的老人帮忙回忆，加上历史资料上记载的砚坑位置，足足找了三个月，才在杂草丛生的密林里逐步找到了金星、眉子、水浪纹砚石。5 月份进行开采，10 月份工艺厂生产出第一方金星歙砚，

---

① 打箍井坐落于歙县县城打箍井街。青石井圈中部雕有箍形，因此得名。此井靠近隋末州衙，始凿年代约为唐初。井深 6 米以上，出水量较大。歙县地方志编纂委员会：《歙县志》，黄山书社 2010 年版，第 1017 页。

停产近200年的歙砚生产重获新生。1963年，安徽省手工业管理局拨款1.5万元作为歙砚试生产经费。1964年5月，《安徽日报》报道了“歙砚正式恢复生产”的消息。

为了执行国家“一化三改造”的政策，1964年1月歙砚生产合作社成立，分散在农村，从事其他行业的制砚工匠纷纷回到合作社。①同时合作社还从社会上招收了一批青年美术工作爱好者作为社员，并派人到上海等地参观学习，为歙砚扩大生产打下了良好的基础。

然而好景不长，歙砚厂只正常生产了两年多的时间，“文革”爆发。“文革”十年，和其他行业一样，歙县工艺厂也受到了严重冲击，歙砚生产遭到严重破坏。那时歙砚生产还不像今天这样雕刻风格丰富多样，那时只生产素砚，也就是以仿古砚生产为主。因为仿古砚被视为“四旧”，要破除，所以要停止生产。新产品的生产都是政治任务，因此政治色彩浓厚，这样的产品也不可能出口创外汇，所以库存积压严重。歙砚合作社只好转产制作毛泽东石膏像、电流电压表等。

到了1971年，歙砚生产又重新开始恢复。②好在虽然在“文革”期间，但制砚工人没有怎么流失，所以生产一恢复，生产能力便非常强，当年出口量就非常大，据说创外汇4万美元，随后每年创汇都逐年增加。从1976年开始，歙砚石的供应都是由婺源县二轻局

---

① 1953年中央提出过渡时期的总路线，即“一化三改造”，又称为“公有化改造”，逐步实现社会主义工业化，对农业、手工业和资本主义工商业进行社会主义改造，到1956年底基本完成。中共中央党史研究室：《中国共产党历史》第二卷，中共党史出版社2011年版，第220页。歙县工艺厂从性质讲不属于上述改造范围，从时间看也不准确。为何成立歙砚生产合作社，依现有文献无法考证其原因。

② 1971年正值“文革”发展时期，歙砚生产为何又开始恢复，曹阶铭的口述中并未说明原因。经查阅相关资料也没有确切证明，但据《歙县志》记载：1966—1970年，第三个五年计划正值“文革”前期，一些企业党政领导靠边，生产发展缓慢。至1970年，歙县有工业企业124家，职工5687人，总产值3066.21万元。《歙砚志》记载：1971年歙砚开始恢复生产，当年歙砚出口价值4万美元，如果用这些钱进口小麦，可买8350吨，相当于歙县一年的小麦产量。据此，笔者认为，歙砚恢复生产和歙砚能够出口创汇、缓解地方经济压力有关。

专门负责，这样从歙砚石供应到歙砚生产和销售，都走向正轨。工艺厂重新恢复生产的第三年，我经过招工进到厂里，在工艺厂二十多年，见证了歙砚厂发展最繁荣的时期，也亲历了歙砚厂由盛而衰的过程。

1984 年歙县工艺厂更名为安徽歙砚厂，厂名的几个字是著名画家刘海粟所写。到了 1985 年，歙砚厂职工就有 122 人，年产量、产值、营业额、出口额、固定资产和利润都创历史最好成绩。生产管理等各方面都更具体化，从砚石开采、产品生产到包装装潢出厂，工种齐全。歙砚生产的各个环节几乎都有专门的车间，有专门的人负责，如选料制坯车间、歙砚雕刻车间、砚盒设计车间、砚盒生产雕刻车间等。同时一些笨重的工序，像制坯、磨坯等都采用机器操作。这期间歙砚石的品种应有尽有，同时还开采出了“豆斑”“绿刷丝”“歙红”“紫云”等新的歙砚品种。

厂里为了继承和发扬传统歙砚雕刻艺术，开发出歙砚新的品种，促进了歙砚生产的发展。1980 年左右，厂里成立了设计组，专门负责歙砚图纸设计及样品生产，那时我已经被调到设计组负责随形砚设计。

80 年代歙砚厂成立设计组，设计制作新的歙砚样品，在歙砚研发方面投入非常大。即使在今天，回头看歙砚厂当年的这种思路，也是非常有战略眼光的。设计组，其实就相当于今天的技术研发中心。技术研发中心这个概念是现代企业制度才有的东西，可能会有人质疑我说的这个观点，觉得一个纯粹手工艺的活儿不需要研发。其实这种思维是非常错误的。歙砚厂在 80 年代通过成立设计组给歙砚生产带来的大发展，到 1988 年歙砚厂达到了发展的顶峰。所以质疑的理由完全是站不住脚的。技术研发对企业有重要的意义，建设技术研发中心是提升企业技术创新能力的重要举措，也是企业自我发展、提高竞争力的内在需求和参与市场竞争的必然选择。

十一届三中全会之前，歙砚生产几乎由歙砚厂独家垄断，到了1985年前后，从事歙砚生产制作的工厂主要有安徽歙砚厂、歙县歙砚研究所[①]。其他生产歙砚的还有歙县文房四宝公司、歙县旅游工艺品厂以及婺源县龙尾砚厂、婺源县大畈鱼子砚厂。后来婺源县又创办了婺源县雕刻工艺厂。当时歙砚厂的外贸产品主要是通过上海工艺品进出口公司和安徽省工艺品进出口公司两家企业下达订单，产品销售都是政府负责，我们厂只负责生产，市场竞争不是厂里考虑的问题。

80年代，歙砚市场已经不是1978年改革开放前的状态，市场竞争已经激烈起来。改革开放后，黄山旅游市场发展起来，外来游客购买歙砚对市场是一种激励，加上国家允许、鼓励私营经济发展，私人制砚开始出现了大发展。毫无疑问，歙砚厂是面临着竞争的。但歙砚厂在销售上有政府负责，砚石供应有保障，生产上有人才优势，设计也有设计组。在这种情况下，即使面临着市场竞争，歙砚厂还是产销两旺。

当时市场上一下子冒出来很多私人制砚作坊，全都集中在马路边上，加上他们的歙砚石供应得不到保障，雕刻水平也不高，只注重数量，不注重质量，欺诈游客的事情时有发生，严重损害了歙砚的品牌形象。为了应对这种情况，政府出面进行了干预，但是并没能阻止私人制砚的发展，因为这是市场经济的一种必然趋势。

整个80年代是歙砚发展的鼎盛时期，歙砚产量一直处于增长的态势。[②]最辉煌的时期是1988年，当时歙砚厂制砚工人数增加到200多人，产品大多销往日本、韩国和东南亚。

---

① 歙县歙砚研究所成立于1984年，所长是著名砚雕大师方建成。1989年歙砚研究所并入安徽歙砚厂。

② 歙县二轻局专志编写组：《歙砚志》［安徽省歙县印刷厂（内部发行）1986年版，第49页］记载了歙砚历年产量：1980年，11314方；1981年，9058方；1982年，15964方；1983年，11736方；1984年，12549方；1985年，18525方。

这个时期，我都在歙砚厂，我认为歙砚市场的繁荣主要是以下几个原因：一是改革开放后，国内和海外市场对歙砚的需求增大。二是政府宣传力度加大，让更多人，尤其是国外市场更多地了解歙砚。80年代，国家有关部委和安徽省，在国外举办了好多次大型展销活动。同时很多外国团体、学者、收藏爱好者和政治人物到厂里参观、交流或者访问，国内很多领导人、书画家也来过歙砚厂，一时间歙砚名噪一时，歙砚生产、销售和利润都达到了空前的程度。

## （二）衰落

1990年到1999年，这十年是砚厂衰落期。80年代的歙砚厂，给我的感觉就是一片欣欣向荣的景象，我作为企业的员工当然感到很光荣。其实这个时候歙砚厂发展已经潜伏着危机。

到了90年代初，歙砚厂开始明显地走向衰落，衰落不是哪一年哪一天发生的。前面我说过1988年歙砚厂红极一时，这个繁荣是不是真的繁荣，今天不好评价。在繁荣的时候，很少有人会去思考繁荣之后如何发展，更没有人会想到衰落的情况，其实这就是最大的危机。造成危机的因素有些是突发的、外部的、人为控制不了的，而有些因素是内部的，是可以预见的。

歙砚厂红火的景象，刺激着更多的人学习制砚，那时候大家都知道，制砚很挣钱。改革开放后，国家允许私营经济的发展，私人制砚开始大规模地出现。一开始的时候，这些私人作坊由于歙砚石供应困难，雕刻水平低，加上政府大力扶持歙砚厂，私人制砚还不能对歙砚厂构成威胁。从1978年到1988年，整整十年，制砚的人都知道，一个有点美术功底的人，花十年时间学习制砚，他只要不是混日子，就一定出师了，可以独立完成制砚工作。还有，我们厂里有一批制砚工人退休了，他们也不可能返聘留在砚厂继续工作。制砚工人到了退休年纪，基本上也没有体力再从事制砚工作。但是有一点不可忽视，这些熟练的、有很高技艺的制砚工人，是非常好的老师，他们可以教徒弟。现在活跃的砚雕工人，他们的师傅几乎都是我们厂出去的。

这些私人制砚作坊或者销售点遍布在黄山市的各个地方，尤其是一些旅游景点。私人制砚有他们的优势，他们不需要养活一大批工人，往往也就两三个人，自己制作自己销售，经营成本非常低，只要卖出去一方砚，就能生存下去。私人制砚实力已经不可小觑。

在私人制砚市场快速发展，国内市场竞争激烈的同时，我们歙砚厂主要的，也是决定我们经济效益的最大市场——国外市场也出现了问题。从 1989 年开始，日本经济开始疲软。① 中间一段时间，市场销售一直在艰苦支撑着，日本不行还有东南亚市场，结果，1997 年东南亚发生了经济危机。② 歙砚出口销售受到非常大的影响，直接影响到我们厂的利润。对歙砚厂影响非常大的，还有国有企业改革。从 1978 年开始，国家就开始对国有企业进行改革，只是我们歙砚厂在 80 年代非常红火，改革与否，我们没人在意，可能领导们已经开会讨论过。③

---

① 1989 年，日本泡沫经济迎来了最高峰。当时日本各项经济指标达到了空前的高水平，但是由于资产价格上升，无法得到实业的支撑，日本经济开始走下坡路，随后日本金融危机爆发。日本在泡沫经济崩溃后自 1991 年开始到 20 世纪初期长期经济不景气，称为“失去的十年”。见《搜狐财经》2016 年 10 月 15 日。

② 1997 年 7 月 2 日，亚洲金融风暴席卷泰国，泰铢贬值。不久，这场风暴扫过了马来西亚、新加坡、日本、韩国和中国等地，打破了亚洲经济急速发展的景象。亚洲一些经济大国的经济开始萧条，一些国家的政局也开始混乱。见《中国经济网》2012 年 9 月 14 日。

③ 从 1978 年底开始的国有企业改革，可以分为两大阶段：第一阶段是从 1978 年到 1992 年，主要是放权让利，探索二权分离；第二阶段是 1993 年起到现在，明确以建立现代企业制度为方向，不断深化改革、完善新体制。标志性的事件就是 1985 年《中共中央关于在城市进行经济体制改革的决定》的公布。何沁：《中华人民共和国史》，高等教育出版社 1997 年版，第 309 页。

当我们的销售不畅的时候，歙砚厂原来被红火局面掩盖的问题就接二连三地暴露出来。我们在效益好的时候，福利待遇好，在我们这个小县城，还没有哪个企业能像我们厂这样好。我们被羡慕，都是正常的事情。效益不好了，才发现歙砚厂还有这么多需要花钱的地方，歙砚厂的负担这么重。企业办社会，是所有国有企业的通病，我们歙砚厂也不例外。一直以来，我们是“皇帝的女儿不愁嫁”，歙砚销售不用愁，我们只管生产，销售市场都是政府负责。现在内忧外患，我们还得找找政府。那时候厂里也没有人懂市场经济，外销不好，内销竞争激烈，没有人去想到找市场。被政府攥在手里养了这么多年，习惯了这样的模式，突然出了问题，就有点混乱。厂里也经常开会，想办法，找路子。提高产量，这个没问题，大家都是熟练工，歙砚石充足，设计组可以设计出好的图纸，制作出好的样品。关键是生产出来的产品无法销售，卖不出去才是主要问题。那就想办法打开销路，销路怎么打开，国内国外销售情况就在那摆着。还有歙砚厂负担这么重，工厂每天一开门就有开支，就要花钱，产品卖不出去，只出不进。最关键的是，我们歙砚厂想到的办法，歙砚厂说了也不算，还得政府拿主意。

种种问题就像阴云一样，天天飘在我们歙砚厂职工的头顶上。今天都不忍再回头看当年那种衰落的情景。我们知道，歙砚厂改革改制是必然的。然而当时，大家心里还是不能理解也不能接受，想想以前歙砚厂多么红火，现在却成了这个样子。从 1990 年到 1999 年，这块阴云在我们头顶上一飘就是十年。十年说来不长，但是对于我们这些在歙砚厂里干了几十年的人来说，却漫长而又折磨，眼见厂里状况一天不如一天，而且还不知道什么时候是个头。

那时候，我还在负责歙砚生产和砚盒包装，作为一个管理人员，我还要做大家的思想工作，让大家安心。每天早上上班，大家都还是正常到，手里的活也都还在做。但是，明显能看出来，人心浮动，大家嘴上不说，心里都在嘀咕。这十年间，关于国企改革、职工下岗的新闻不想看都不行，电视、报纸上都是。这些新闻对歙砚厂的工人们影响非常大，那时歙砚厂职工的心理都是非常脆弱的。90年代中期，尤其1992年后，黄山的私人制砚业发展得非常好。厂里部分制砚工开始动摇。工人中出现这种情况很正常，大家被眼前歙砚厂的状况折磨着。即使制砚工人自己没有动摇，但是下班回家，上有老下有小，谁不需要挣钱养家呢。

我虽然天天在继续工作，安抚工人，可是我自己的心里也没有底。我当时特别能理解其他人的心情，我的这些同事很多都是比我晚进歙砚厂的，以我自己的经历和他们的相比，无论是对歙砚厂的感情，还是对这份工作，我都更有不一般的感受。我当时非常迷茫，用“迷茫”这个词都不能准确表达我当时的切身感受，其实用“失落”最准确，十年的失落。从1990年初到1999年6月歙砚厂解散，十年我都是在迷茫与失落的情绪中度过的。这种迷茫与失落的情绪也有个发展的过程，歙砚厂开始效益不好的时候，我们都还抱有期待，希望某一天歙砚厂状况突然好转。然而，期待随着时间的流逝也慢慢变得不再期待，失落的情绪也就越来越大。我那时晚上经常失眠，想想自己从十几岁开始，为了生存走上了制砚这条路，经过自己的勤奋与努力，才打拼出今天的局面。我要感谢歙砚厂给了我一个平台，不然我也不可能学到今天这一身本事。而现在呢，歙砚厂要倒闭了，我自己也不知道要到哪去，能到哪去。这一手制砚的技术还能不能用得上，以后还能不能靠这个手艺生活。我当时那个年纪正是制砚人的黄金时期。这种失落的心情，打个不恰当的比喻，就像我们制砚行业组织的一场高层次的比赛，说好的让我作为主要选手参赛，我也精心准备了很长时间，等比赛那天，我带好了所有的工具准备上场展示我的技能的时候，突然告诉我不用上场了。这种失落的心情是什么样的，大家都能想象得到。十年的失落，对人是一种从内心深处的折磨，我自己也是上有老，下有小，我的夫人也在歙砚厂。我每天早上到厂里上班，看着熟悉的厂房车间，看着熟悉的同事一个个心事重重的样子，心里真不是个滋味。自己何去何从，今后的命运会如何，自己的制砚手艺还能不能用来安身立命，一切都是未知数。然而这一切，都不能改变歙砚厂倒闭的命运。

### （三）破产

歙砚厂十年衰落颓势，一直都不能扭转，最终的结果就是倒闭。歙砚厂经过接近十年漫长的煎熬，工人们从最开始的不能接受，到人心浮动，再到后来也就慢慢习惯了，这个习惯可以说是听天由命。当政府组织大家开会，宣布破产决定，以及后续安置措施的时候，大家反而一下子轻松了。终于熬到了头，虽然每个人都不舍，都难过，但是天下没有不散的筵席。

接下来就是歙砚厂破产、资产处置以及安置近 200 个工人。当时政府的政策是歙砚厂破产，核资清算。职工安置措施就一个，职工工龄一次性买断①，按照工龄计算，每年 400 元，一次性支付，进行身份置换②给一些钱，自谋出路，也就是下岗了。1996 年 6 月安徽歙砚厂正式解散，除了一些留守人员处理后续事务外，其他人员都各自散

① 买断工龄，是指改革开放初期我国一些国有企业在改革过程中安置富余人员的一种办法，即参照员工在企业的工作年限、工资水平、工作岗位等条件，结合企业的实际情况，经企业与员工双方协商，报有关部门批准，由企业一次性支付给员工一定数额的货币，从而解除企业和富余员工之间的劳动关系。何沁：《中华人民共和国史》，高等教育出版社 1997 年版，第 310～312 页。

② 身份置换，是指职工身份的置换，即职工通过变更、解除劳动合同，接受一定的经济补偿，由全民所有制职工置换为社会从业人员，解除其对国有企业以及国家的依赖关系，使国家不再承担无限责任。何沁：《中华人民共和国史》，高等教育出版社 1997 年版，第 310～312 页。

原安徽歙砚厂（歙县工艺厂）所在地（现歙县邮政局）

去，我当时也是留守人员之一。曾经名噪一时，产品行销海内外的安徽歙砚厂从此走到了尽头，走下了历史舞台，成为了歙砚史上、歙县老百姓的记忆。

歙砚厂厂址现在变成了歙县邮政局，原来厂里的建筑格局都没动。大门还是原来的样子，只是安装了电动门，临街的办公大楼、院子里的厂房车间也还是原来的样子。每次我路过这个地方的时候，我都会停下来看看，这里有我的青春，有我的故事。我想歙砚厂的其他老工人路过这个地方的时候，和我的感受应该差不多。

歙砚厂破产，职工进行安置，这对我们歙砚厂的制砚工人，包括我都是命运的一个转折点。我们都面临着人生的重新选择，这其实挺残酷的。工作了大半辈子的工厂没有了，而自己离退休年龄还有很长时间。亲戚朋友在关注你，上有老人在等着你赡养，下有孩子需要抚养，自己如何选择不是自己一个人的事情，责任很大。当时歙砚厂近200个工人，技术工人都自己找出路，后来选择到老胡开文墨厂的就十来个人，其他工人很多都改了行。还有一部分人自己做个体歙砚生意，流向市场，原来的那个非常有活力的制砚群体就此彻底解散。这个时候，我也一样要做出选择。选择的时候我不但要考虑自己的手艺问题，我这几十年，其他的也不会，还是要靠手艺吃饭，同时还要考虑自己家庭的实际情况。歙砚厂破产安置，我的夫人选择工龄买断，后来也没有再就业，所以我在选择的时候就非常慎重。当时我也考虑过，凭借自己在制砚行业的水平和名气，选择自主创业，或者到私人制砚厂那里去。但是1999年上半年，我父亲得了癌症。当时如果我拿着买断工龄的钱，自己在县城或者某个旅游景点租一间门面单干，也不是不可以，但是在时间上我就忙不过来。干个体的，自己要负担所有日常开支，同时还要想办法盈利，因此时间基本上都耗在工作上。在工厂上班，上下班有规律，我就可以有一些自己的时间，既可以照顾到家庭，还可以把这个工作继续做下去。要是去了私人制砚厂去打工，也可以继续发挥自己的手艺特长，同样可以靠手艺吃饭，但是，从心理上不能接受，后面我再专门说这个问题。经过慎重权衡利弊，我还是选择了到老胡开文墨厂去，虽然这也是个私人企业，但还是与社会上的私人制砚厂不同。它有一定的规模，历史也长，而且一起从歙砚厂过来的不止我一个人。我认为，制砚行业要发展，还必须靠集体的力量。自己单干，就要为了生活奔波，但是到企业来，企业有一班人，有老师傅，有小师傅，还有新的徒弟，在这里我可以发挥自己的特长，我还想把这个事业继续做下去。我们厂里还有这么多技术工人，也还需要我进行传帮带。

做出了选择，也算是有了着落，心里稍微踏实些，十年的煎熬总算有了个结果。至于到新的单位怎么开展工作，我是歙砚厂下岗的，新厂会怎么对我，新的厂什么样子，也都是一无所知。老胡开文墨厂是制作徽墨的，从来没有生产过歙砚，厂的位置知道，只是没有去过。失落的情绪还没有消除，又忐忑起来，看来一切都要从头开始。

## 二、从头再来

歙砚厂改制，我作为留守人员处理一些善后事宜，受老胡开文墨厂厂长周美洪聘请，我答应到他那去。老胡开文墨厂我们习惯称为“徽墨厂”。周美洪厂长是徽墨厂的老员工。他父亲也是徽墨厂员工，他于1979年顶岗进入徽墨厂。1992年，他就任老胡开文墨厂厂长、徽墨研究所所长。其间他大胆创新，开发研制了超细油烟松烟墨，代表作有“李廷珪牌超漆烟墨”“李廷珪牌宝墨”和“贡墨”等，堪与历史名墨媲美，深得国内外书画家喜爱。“李廷珪牌徽墨”于1994年荣获第五届亚太国际博览会金奖，并于2000年在中国文房四宝协会举办的专业博览会上被评为“20世纪名墨”，此后又多次荣获“产品质量金奖”和“国之宝”等荣誉。徽墨厂改制前也是个国有企业，他们改制比我们早一年。1995年徽墨厂改制的时候，周厂长买断了徽墨厂，徽墨厂转为私人企业。

歙砚厂改制完成后，歙砚厂没有了，但是这个品牌还在，招牌还在。“安徽歙砚厂”和“歙县工艺厂”两块招牌具有非常高的历史价值和文化价值，当然还有重要的经济价值。如果对这两块招牌进行无形资产评估的话，这两块招牌一定很值钱。政府也意识到了这个问题，召开了专题会议，确定保留两块招牌，不能让招牌流落到民间去。经过很多次讨论，大家都认为，文房四宝，我们歙县就占了两宝。徽墨、歙砚是老祖宗传下来的资产，是多少代人心血和汗水浇灌出来的。虽然在国家的大形势下，企业改制，整个工厂没有了，但是这两个宝，我们不能给弄丢了，否则对不起老祖宗。最后政府决定，徽墨厂虽然改制了，但是厂子还在老周手里，他也是徽墨厂的老人，他知道徽墨和歙砚不能分家，两个招牌的分量他懂，就把两块招牌放到老胡开文墨厂去，而且要让歙砚这个品牌继续传承下去。就是这个原因，老胡开文墨厂原来只生产徽墨，后来同时生产歙砚。

### （一）初进新厂

老歙砚厂的招牌已经放到了老胡开文墨厂，我作为老歙砚厂改制留守人员的任务已经完成，我也要开始重新上班。1999 年 10 月份，我记得非常清楚，是 10 月 7 日上午我第一次到老胡开文墨厂上班。到了厂里，已经有不少人来上班了，这些人我一个也不认识。我站在院子里看，找制砚车间。那种失落的心情又从心里萌发，觉得自己就是一个没人要的人。在院子里站了好久，我想，不能这样，还是要工作，不然自己的生活怎么办，自己的技能怎么办。找了半天，才知道，这里没有制砚车间，这个厂之前从来就没有生产过歙砚，人家一直生产徽墨。找到周厂长，他说，徽墨、歙砚不分家，歙砚一定要生产。厂里可以提供制砚车间，但制砚工人现在就我一个人，制砚生产就由我来负责。当时的制砚车间不是现在的这个，是进大门右手边的墨盒制作车间。

有了场地，我就重新组建了这个车间。可是就我一个人，我还是没法生产，厂长已经授权给我，让我负责歙砚生产，我就要把生产恢复起来。这个时候，我又有了精神头，发自内心的一种兴奋，觉得自己的价值又可以得到体现，掌握的技能又能够施展。没有制砚工人，我就要招人。我一开始是打算从社会上重新招人进来，但是后来一想，从社会上招的人还不一定马上就能制作歙砚，不如找我们老歙砚厂的那帮同事。歙砚厂解散后，原来的同事都各自找出路去了。他们具体在干什么，是不是都在做歙砚，我知道有一些人被私人制砚厂给请去了，其他人在干什么，都一无所知。那时不像现在，都有手机，联系方便，那时要找到这些人不容易。不好找也要找，家里有固定电话的，我就打电话；没有电话的，住在县城的，我就骑自行车去家里找，离得远的就找人带口信过去。功夫不负有心人，没到十一月，我就找回来四个人，有张泽球、方秀云、汪嫚倩、郑秋霞。有了我们五个人，歙砚生产就可以开张了。这四个人是前期找回来的，后来陆续又招到几个在社会上做砚雕的人，有周旗中、吴伟。我找回来的四个人里，

现在的安徽歙砚厂

张泽球是我的徒弟，其他三个人都是女性，从性别比例也能看到，当时社会私人制砚的发展景象。男性基本都不会回来，他们要么自己单干，要么被私人制砚厂聘请，女性自主创业热情则稍微低一些。后来张泽球还是离开歙砚厂自主创业了，而且发展得非常好。女砚雕工匠现在不多见，出名的更少。偶尔有个别出名的，大家都觉得好新奇，其实在老歙砚厂，女砚雕工匠有很多。所以，我一直强调，歙砚制作技艺的传承，老歙砚厂功劳是非常大的。

刚开始生产的时候，就我们五个人，产量不高。随着新歙砚厂开始生产的消息慢慢传开，老歙砚厂的同事陆续回来了，到了年底，制砚的人已经有十几个。人数多了，就可以组织规模生产。新歙砚厂的工资待遇发放，跟老歙砚厂不同，私人企业工资制度非常灵活。不像老歙砚厂，干多干少一个样，干和不干一个样①。新歙砚厂除了一个保底工资外，按产值产量，多劳多得。这样一下子就提高了人们的积极性，自己的收入和企业的经济效益连在一起，企业效益越好，大家的收入就越高，这样的话，我们都盼着企业好，而且也知道怎么做企业会更好。大家除了要把自己的活干好，想方设法保证制作出来的歙砚的质量，还要思考怎么才能让生产出来的歙砚更好地销售出去。

我当时除了负责管理生产以外，也负责歙砚验收，同时参与生产。我和其他几个老同事一样，不但工作有积极性，而且很开心。我想

① 这种情况就是国有企业的“吃大锅饭”“铁饭碗”。改革开放之初，企业多是国有，而国有企业的管理制度，就是吃“大锅饭”。干和不干一个样，干多干少一个样，干好干坏一个样。工资是按年头涨，福利是按人头发。几乎每个企业，都养着一大批闲人、懒人、庸人和散人。这些人不仅成为企业的巨大包袱，而且直接影响了生产者和管理者的积极性。于是有人提出，这个“大锅饭”非得砸掉不可。不打破“铁饭碗”，企业就没有出路，中国就没有出路。很快，人们发明了“承包制”。接着，又进行“股份制改造”。这样一来，劳动效率上去了，经济效益上去了，个人收入也上去了。所以大家都说这个“铁饭碗”打得对，砸得好。何沁：《中华人民共和国史》，高等教育出版社 1997 年版，第 310~312 页。

这个除了是因为新砚厂的管理制度让大家有干劲以外，更主要的还是我们的手艺又有了用武之地，可以放开手施展自己的才能。

## （二）再展技能

老歙砚厂改制，来到新歙砚厂，我才四十多岁，按照通俗的说法，正是年富力强的年纪。新的歙砚厂生产我已经给组织起来，企业的管理也让人觉得有干劲，加上自己年纪也不大，正是制砚的黄金年龄，我就思考着靠集体把这个事业进行下去。

要想把歙砚这个品牌做下去，要在激烈的市场竞争中活下去，而且还要活得好，无非就是抓住两点：一个是产品自身的竞争力，另一个就是市场。

产品自身要有竞争力，从老歙砚厂到新歙砚厂，以我这几十年的制砚经验，我个人认为，其一是材料，也就是歙砚石，其二是好的构思设计，其三是雕刻。歙砚石对于歙砚的市场竞争力来说，是前提。现在市场上对歙砚的需求，不论是收藏还是使用，大家的目标就是歙砚石制作的歙砚。通俗的说法就是，购买的人要买的就是正宗歙砚石制作的歙砚。市场上用其他石头冒充歙砚石的特别多，现在信息这么发达，鉴别真假歙砚的方法大家都知道，那些制售假冒劣质歙砚的人不是随便就能得逞的。还有，歙砚石的天然纹理是制作出一方好的歙砚的基本条件，没有好的歙砚石，你有再好的构思，再厉害再高水平的雕刻，也不可能制作出一方好歙砚。所以说歙砚石是歙砚市场竞争力的前提。我们歙砚厂歙砚石的储存量，毫不夸张地说，依现在的生产能力，再用一百年也不会有问题，这就是我们独有的优势。有了正宗的歙砚石，还得有好的构思设计。好的构思设计是歙砚市场竞争力的核心内容。现在的歙砚市场，歙砚的实用价值已经让位于观赏价值，在这个大背景下，哪怕是做仿古砚，也要有所变化，更别说现代砚。这就需要动脑筋思考，如何适应社会发展的需要，进行雕刻前的设计构图。虽然我们现在生产不再像老歙砚厂，有专门的一个部门、一个团队负责设计制图、制作样品，再拿到车间进行生产。但好在大家也都能意识到构思构图的重要性，所以现在我们生产出来的歙砚，在造型、风格、构图以及题材等方面，都是非常讲究的，争取让出厂的每一方砚都是精品。歙砚市场竞争力的第三点就是要有好的雕刻，这是根本所在。歙砚的观赏功能及收藏价值，最终还是要体现在雕刻上。好的歙砚雕刻离不开砚雕工匠，砚雕工匠的雕刻技法的运用，能够把歙砚石天然的纹理和自己的构思完美地结合起来，同时也展现出自己的雕刻功力。为什么那些出了名的歙砚雕刻者，他们的作品市场特别欢迎，哪怕他们是仿制别人的作品，也受欢迎，就是因为他们独特的、自成一体的雕刻风格。我们歙砚厂这些制砚员工，虽然不能说都是名家，但是，我们都有几十年的制砚经验，在雕刻功力和水平上没有问题。

歙砚自身竞争力能够保证了，还有一个就是市场的问题。市场这块不归我负责，我们十几个老员工就负责生产。市场经济背景下，私人企业管理者比谁都更在意市场，这是决定企业利润的问题，说白了，也是决定企业生死存亡的事情。好在新歙砚厂不只靠歙砚，徽墨才是发展重点。当然歙砚也要生产，要生产就要想办法把它做好。

歙砚市场从老歙砚厂改制，一直到现在，没有大的变化。也可以说市场比较稳定，既没有出现 80 年代中后期的那种繁荣，也没有出现 90 年代初的那种大萧条。我刚把新歙砚厂生产恢复起来的那段时间，也就是十几个人生产，产量不大，产品以仿古素砚为主，现代砚也生产，但是量比较少。国内国外市场对歙砚的需求量不大。我们还是以国内市场实用型砚为主，同时也积极开发国外市场。制砚的人少，批量生产达不到，市场需求在慢慢恢复，所以当时对产品的市场定位还是比较符合实际的。

后来我们的制砚工人稍微多了一些，能够进行批量生产了，但是市场还是没有大的变化。私人制砚的发达，导致市场需求呈现饱和状态。文房四宝中，歙砚和其他三个不同，像笔、墨、纸这些在人们的日常生活中，基本都是消耗品。不可能出现一支毛笔、一瓶墨汁或者一张宣纸用个几十年不用更新的情况。而一方歙砚，如果是纯粹使用，能够用十年、几十年，甚至一辈子都很少再换。当然，收藏是另一回事，因此歙砚销售不可能达到笔、墨、纸那样的市场状态。在这样一个市场背景下，加上私人企业激烈的竞争，我们这些制砚工人，包括我自己，都要改变过去在老歙砚厂的那种心态。新的歙砚厂给我们提供了这样一个平台，那我们就要把自己的水平和技能体现出来，提高产品的销售率。2012 年以前我们除了保持在国内市场的地位以外，也稳步开发国际市场。国内市场主要以实用为主，其次收藏和礼品市场需要也很旺盛；国外市场主要还是收藏为主。2012 年到目前，礼品市场受到大气候的影响，市场萎缩得很厉害，我们就注重收藏这块，毕竟歙砚厂的品牌影响力还在。在新歙砚厂近二十年的时间里，我除了负责带领大家生产歙砚以外，也参与制砚。有了老歙砚厂几十年的锤炼，我在雕刻技法和刀法运用能力方面已经成熟，也可以说我的风格已经形成。这几十年我也制作出了很多作品，大部分都作为厂里的商品销售出去，也有几个作品被厂里留下放在展示馆里。

### （三）发挥余热

在新歙砚厂工作到 2013 年 12 月份，我已经 60 岁，到了退休年龄，和我同龄的老同事也都已经退休。歙砚雕刻除了要动脑子，还是一个体力活，我这个年纪已经不能再从事这个工作。要是注意观察，会发现我们制砚的人，都有一只手是变形的，那是因为用手拿刻刀刻石头，几十年重复同样的动作，手关节和肌肉都已累得变形。后来周厂长挽留我，让我帮他把关歙砚生产，我就被返聘了，继续在车间里工作。

现在在厂里，我不再参加具体的歙砚制作，我主要的工作就是负责验收产品，工人们生产出来的歙砚，我验收合格，才可以配砚盒入库。在验收的时候，要是有些作品有点小的问题，我就动手给修改修改。

2007年6月5日，我成为第一批国家级非物质文化遗产项目代表性传承人，我们厂是非遗传习基地，我的任务是名师带徒，指导徒弟。在这之前，我也带过徒弟，我的好多徒弟现在是市县级的歙砚制作技艺非遗传承人。我们县行知学校是非遗传习基地，我还在那里代课，给学生讲实践课，教他们制作歙砚。我们周厂长是徽墨制作技艺非遗传承人，我们两个人经常一起参加一些关于徽墨、歙砚传承发展的活动。比如传统手工艺展示活动，非遗的文化公益活动，到一些大学介绍徽墨和歙砚，有时还会接待全国各地来厂研学、参观的学生等。这些活动有助于歙砚走出去，有助于歙砚制作技艺的传承。

## 三、我就是块石头

1999年，老歙砚厂改制的时候，不少员工先后跳槽。有一句很流行的话，21世纪最宝贵的是人才。老歙砚厂的这批砚雕工人，可以毫不夸张地说，在制砚行业，不能说是顶级的，但绝对是人才。对于那些制砚个体户来说，能把这些人请到自己那去，带来的就是直接的经济效益。当时就有一些制砚个体户趁机上门，想请我过去，开出的薪水很高。其他同事怎么做，我不评价，毕竟人各有志，而且，为了生活，做出什么样的选择都是合理的。这些个体户请我的时候，都被我拒绝了，次数多了，有的人可能就有些不高兴，说我不开窍，跟块石头似的，我也就开玩笑地回他们说："其实我就是一块石头。"这就是这句话的来历。

### （一）已成习惯

老歙砚厂改制的时候，有人请我，我没答应，他们认为我不开窍，我告诉他们我就是一块石头。那时候我还年轻，到现在，我都过了退休的年龄，如果有人再请我，我还是会拒绝，当时我不是因为年轻气盛做出的回绝，而是因为我已经习惯了自由自在的生活状态。

改制的时候，我是上有老，下有小，我的夫人也买断工龄失业在家，那时我的经济负担非常重，当时我的父亲还在生病，急需钱。能够凭自己的技能挣钱的事情，对于任何一个人来说，都是光明正大的。当时拒绝别人高薪聘请，倒不是我达到了一个多高的人生境界，视金钱如粪土，而是我习惯了过平静的生活，靠自己的手艺、凭自己的本事吃饭。最为关键的是，我习惯了在一个集体里从事我的砚雕事业，我一直认为我的手艺、技能离不开一个集体的平台。

今天到了我这个年纪，再回头看我的前半生做出的选择和决定，我依然不后悔在改制的时候拒绝私人厂高薪聘请的决定。那时候我习惯了在集体里打磨我的手艺，习惯了这种平淡的生活。我十几岁开始学艺时，主要目的是吃饱肚子，现在吃饱饭显然已经不是问题。现在的生活与我学艺时已不可同日而语，然而无论世事如何变化，我的人生旅途都与砚为伴，我的所思所想，都体现在我的作品中。我觉得人不能为了获得更多物质的东西而被欲望牵引着走，这样时间久了，就会有危险。但是制砚事业上，我的“欲望”是很大的，我不但想把我自己的这个技能发展到更高的水平，同时我也想通过集体这个平台，把这个技艺给传承下去。要想把我的这个技艺传下去，社会上的个体户没有这个能力，他们也不可能有这个想法。因为个体和集体发展的理念不同，追求的目标不同。

有今天这样平静而又充实的生活，衣食无忧，而且有机会有平台把我的技艺给传承下去，这样的生活我很满意，我也习惯了这样的生活。

## （二）研海行者

我的艺名是“研海行者”，从字面上看，这四个字也没有什么特别的含义。我取这个艺名，是我从事制砚的一种心境和志向。砚，就是用来研墨的器具。研，这个字在古代就是“砚”的意思。[①]我理解这个词还有另一层意思，那就是细磨与深入地探求。我是用这四个字来自我提醒、自我激励和自我鞭策。制砚的学问像大海一样广阔，在制砚这条路上，要苦苦探索，不能满足，也不能畏惧艰难，要有苦行僧的精神。

从我进入制砚这个行业，到学成出师，再到后来我带徒弟，我觉得“研”这个字，非常好地体现出了从事制砚这个行业要做的或者要接受的一个事实，就是细磨。人都是有个性的，尤其在学艺的年龄，都锋芒毕露。要想静下心学艺，要想做到虚心听取别人的意见，不磨

---

① 砚亦称为研，汉末刘熙《释名》曰：“研者，砚也，可研墨使和濡也。”指出砚是研墨的工具。华慈祥：《中国古砚》，上海人民出版社 2012 年版，第 5 页。

掉几层皮，不磨掉棱角和不该有的性格就无法学到真知识。经常有人问我学艺的时候苦不苦。当然非常苦。首要的是必须做到雕刻的东西要像个东西，意思就是在图案处理上，不能让人看的时候不知道你雕刻的是什么东西，哪怕是抽象的技法，也要遵循这一点。要做到像，不下几年苦功夫是学不出来的。当初我开始学艺的时候，我们有工厂发下来的材料，不会做的时候，有时间还要去和其他人交流，有时候晚上加班到天亮。制作歙砚本身也是一个体力活，又要动脑子，所以不能说不苦。但是一旦学成，再雕刻的时候肯定就比较好一些快一些。这个过程就是磨，古人说铁棒都能磨成针，要想学一门手艺，必须吃得了苦，受得了磨，经过这个磨的过程，心就能静下来，就能耐得住寂寞，就能把手艺学成。

我自己的学艺经历，以及后来的制砚经历都告诉我，要能经得起磨。为了培养歙砚制作技艺接班人，我不仅在企业内亲自带出了数十名新一代传承人，还与安徽省行知中学合作开办了讲习歙砚雕刻的美术班，并亲自担任该班的指导老师，手把手教授孩子们学习歙砚制作。为了传承歙砚雕刻技艺，我是心甘情愿地毫无保留地传授技艺给徒弟们。不像个体制砚，传授技艺的时候会有所保留，而我们就不存在这个问题，我会把我的技术完完全全传给下一代，只要他们自己愿意学。我带徒弟要求非常严格，我就是要磨他们的性子。现在很多的年轻人，性子急，上来就想把所有的技能都掌握好，然后去挣大钱，这个出发点就有问题。挣钱生活这是理所应当的，但是学艺不是一朝一夕的，心都静不下来，怎么学艺，基本功都掌握不了，更别说设计构思。我跟我的徒弟强调制作歙砚必须要有耐心与悟性。在雕刻的时候一定要对雕刻的事物进行全方位的观察，详细了解事物的形态之后才能做出令人喜欢的作品。要是急着挣钱，急着出名，而不能把心静下来认真学艺，最后不但什么都学不好，想挣钱、想出名也都是空的。歙砚制作的知识学问就像大海，我们制砚人都是沧海一粟，要学的东西有很多，只要愿意学，永远都学不完。这就需要磨，磨久了就磨出了真才实学。我自己是这样磨出来的，我带徒弟也要磨他们，这不是故意刁难，这是我一辈子经验的总结。

# 第五章 传承文化

## 一、非遗上榜

2006 年 5 月份，国务院下发关于《第一批国家级非物质文化遗产项目名录》的通知，我们歙县的歙砚制作技艺和徽墨制作技艺作为非物质文化遗产，列入名录。2018 年 5 月国家又发布了中国传统工艺振兴计划目录，歙砚制作技艺被列入《第一批国家传统工艺振兴目录》[①]。

歙砚制作技艺作为国家级非物质文化遗产项目，按照项目规定，要有人传承。按照我们传承人的说法就是，非遗传承要见人、见物、见生活。传承歙砚制作技艺的人很多，我们歙县做砚雕的人都在传承，但是国务院确定的是代表性传承人。为了申报代表

---

① 见中国非物质文化遗产网·中国非物质文化遗产数字博物馆。2006年5月20日，国发〔2006〕18号，《国务院关于公布第一批国家级非物质文化遗产名录的通知》，第八项：传统手工技艺（共计89项）第424号，安徽省歙县、江西省婺源县，歙砚制作技艺（Ⅷ-74）被列为非物质文化遗产。2018年5月23日《文化和旅游部、工业和信息化部关于发布第一批国家传统工艺振兴目录的通知》，为落实《中国传统工艺振兴计划》“建立国家传统工艺振兴目录”的任务要求，经财政部同意，文化和旅游部、工业和信息化部在各地推荐的基础上，制定了《第一批国家传统工艺振兴目录》。该目录重点选取了具备一定传承基础和发展前景，传承人群较多，有助于发挥示范带动作用，形成国家或地方品牌的传统工艺项目，并适当向革命老区、民族地区、边疆地区、贫困地区能够带动地方经济发展，扩大就业的项目倾斜。项目类别：文房制作（WFZZ），第325号，项目编号：Ⅰ-WFZZ-17，安徽省歙县，项目名称：歙砚制作技艺。

性传承人，歙县文化委派人找到我们厂周厂长。我们厂是当时全县唯一制砚时间最长、老的制砚人最多的单位，文化委的人就动员我们申报非物质文化遗产代表性传承人。当时我们对非遗项目和传承人，都不是太了解。我们按照要求准备材料，填表，录像，经过很长一段时间才把所有的材料准备齐全。申报要的材料非常多，按照要求要提供的材料有申请人基本情况，包括年龄、性别、文化程度、职业、工作单位，歙砚制作技艺的传承谱系以及申请人的学习与实践经历，申请人的技艺特点、成就及相关的证明材料，申请人持有该项目的相关实物、资料的情况。周厂长申报的是徽墨制作技艺代表性传承人。

好不容易把这些准备齐，交给了文化委。到 2007 年 6 月 5 日，我和周厂长的申请批下来了，我成为歙砚制作技艺文化遗产项目代表性传承人，并被列入《第一批国家级非物质文化遗产项目代表性传承人名单》。[①]周厂长成为徽墨制作技艺文化遗产项目代表性传承人，并被列入《第一批国家级非物质文化遗产项目代表性传承人名单》。申请批下来后，县文化委就来人告知我们，同时告诉我们代表性传承人的义务：（1）在不违反国家有关法律法规的前提下，根据文化行政部门的要求，提供完整的项目操作程序、技术规范、原材料要求、技艺要领；（2）制订项目传承计划和具体目标任务，报文化行政部门备案；（3）采取收徒、办学等方式，开展传承工作，无保留地传授技艺，培养后继人才；（4）积极参与展览、演示、研讨、交流等活动；（5）定期向所在地文化行政部门提交项目传承情况报告。

---

① 见中国非物质文化遗产网・中国非物质文化遗产数字博物馆。

我和周厂长申报的是国家级非物质文化遗产代表性传承人，现在还有省级的、市级、县级或者区级的非遗传承人，出发点都是共同的，都是为了保护非物质文化遗产。申报非遗代表性传承人，不需要一级一级往上申报，而是哪一级政府认定的，申请就由哪一级文化部门审批。比如，安徽省政府认定的非遗项目，要申请这个项目的代表性传承人，就向安徽省文化厅申报。

大家都知道，我们制砚这个行业，从业人员文化层次不高，具体原因我前面不止一次说到过，学这个手艺的人都是为了养家糊口，社会地位不像今天这样高。制砚又是苦力活，文化层次高的人不愿意做，徽墨、徽州三雕与我们歙砚情况一样，这个现状也是今天歙砚传承面临的问题。申报代表性传承人的时候，要我提供论文，这就是个难为人的事情。我们这个技艺就是口传心授，有时候还要靠动作演示，我们的雕刻要领、艺术风格等都体现在雕刻动作和最后完成的作品里。这些要是让我说，我能说几天几夜，可要是让我写，我就很为难。

实事求是地说，我们这些做歙砚雕刻的人，书面语叫作从事传统手工艺的人，一辈子都在做这个事，我们靠这个生活，对非物质文化遗产我们没有什么概念。后来随着国家宣传力度的加大以及保护投入力度的加大，我在慢慢了解了歙砚制作技艺作为非遗的具体内容后，我才知道这个技艺真的很有意义。我从事制砚几十年，一直都知道歙砚及雕刻技艺非常有价值，里面的文化内涵非常丰富，所以才会在国外国内受到欢迎，才会有那么多人收藏。我们这个行业面临着很多危机，这个问题我思考过，比如，学这个手艺的人越来越少，愿意学的人文化层次不高。长此以往，这个手艺会不会失传，谁来重视这个问题。现在从非物质文化遗产方面重视歙砚制作技艺传承，这是我未曾想到的。

要说我们黄山市的传统手工艺，是非常有名的，如歙砚制作、徽墨制作、徽州三雕等在全国，乃至世界都有名。徽墨和四雕现在还有多少人在做，具体人数我不知道。我们歙砚雕刻这一行，到现在至少有三千人。新中国成立前，我们这些人是属于三教九流的中下流，社会地位卑微，干的都是苦力活，难登大雅之堂。从事这些行当的都是为了学一门手艺，靠这个手艺混一碗饭吃。黄山市是古徽州所在地，名气大，外来游客多，这给黄山市创造了巨大的旅游经济收入。这主要得益于这里优美的自然风景，还有大规模的徽派建筑，这些徽派建筑离不开从事手艺活的工匠，工匠们一代一代薪火相传的手艺成就了现在的徽州文化。

现在歙砚雕刻技艺是非遗，从事歙砚雕刻的工匠，很多成为了非遗传承人，这是国家对这些工匠手艺的认可，更是对我们劳动价值的认可。这些人不论是否成为非遗传承人，都在做着同样的工作，我们都是民族优秀文化的承载者、传习者。现在可以说，制砚的手艺人目前所处的时代是历史上从未有过的黄金时期，我们这个群体得到社会前所未有的认可和尊重。①

歙砚雕刻技艺是歙县，确切地说应该是徽州地区千百年来形成的文化符号，是徽州地区的象征和招牌。这是徽州人民智慧的创造、智慧的结晶，所以我们这些后人要好好地保护。保护好我们的歙砚制作技艺，就是保护祖先的智慧，也是给后代子孙保护好一笔珍贵的文化遗产。

通过非物质文化遗产的保护与传承，让我们的族人和子孙认识到祖先是一群富于创造、聪明智慧的人。让子孙后代知道他们的祖先怎样一步步地坚强地从历史走过，才走出我们这样一个优秀的民

① 孙发成：《非遗保护中传统手工艺人的蜕变》，《中国社会科学报》2015 年 12 月 16 日第 6 版。

族。这也能够加强民族的自信、自豪与自强，加强各民族的互相了解，促进团结。非物质文化遗产包含了许多优秀的哲学、文学艺术、科学思考元素，只要我们去认真学习研究它，它就会迸发出许多耀眼的光芒。

我们现在一直讲工匠精神。我觉得如徽州的传统手工艺，包括歙砚都是工匠精神的一个元素，都是工匠精神的体现。徽文化里的徽骆驼精神，就是典型的代表。徽骆驼精神是徽州人民一步步铸塑出来的，而且内涵非常丰富，慢慢的这种精神通过物质演化到非物质上，形成一种有徽州地域特色的价值观。这种价值观通过一代一代徽州人民不断的传播，成就了今天的文化。对歙砚制作技艺非物质文化的保护和传承，会感染教育我们的子孙后代形成有个性的民族精神。

现在保护传承歙砚制作技艺最直接的效益体现，就是黄山市的旅游经济。现在在黄山市的任何一个旅游景点，购买歙砚都是不可缺少的旅游环节，甚至很多游客就是冲着在这边买一方正宗的歙砚才来黄山。歙砚促进了黄山市旅游业的发展，同时旅游业的发达，也促进了歙砚制作技艺的保护和传承，这两个方面是相辅相成的。

歙砚制作技艺和从事歙砚雕刻的工匠们被关注并获得国家赋予的相关身份，不仅体现出国家对传统文化的重视和引导，也提高了地方社会保护非遗的热度。我们歙砚制作人的社会角色得到改变。过去我们就是普通的砚雕工匠，当歙砚制作技艺成为非遗项目后，我们是在为非遗保护传承作贡献。虽然能够成为代表性传承人的并不多，但是非物质文化遗产能否健康有序地传承下去，更依赖我们这些传承人的薪火相传，当然也依赖所有从事歙砚制作的人。

进入名录的传承人由国家认定和管理，享受政府的专门补贴，这也大大调动了非遗传承人守护传统的积极性。平时除了在厂里负责制砚的一些事情，我经常参加各种展览会或文化活动。参加这些活动，一方面是为了宣传、传承、保护、发展非遗，传习非遗；另一方面对我自身来说，也进一步地拓展了我的社会生存空间。

我现在每个月都领取国家非遗传承人补贴①，补贴是中央财政通过文化部直接发放。2007年评上传承人的时候还没有补贴，从2009年开始，中央财政开始对国家级代表性传承人发放补贴。当时补助的标准是每人每年8000元，到2011年补助标准提高至每人每年10000元。我们厂国家级传承人有周厂长和我。国家把这补贴拨下来，并不属于个人所有，补贴费用专门用于开展传习活动，也就是专门用来传承歙砚制作技艺，包括带徒弟、讲课、宣传等，国家对申请审批和使用补贴费用有严格的管理制度。

从2015年开始，国家级代表性传承人的传习活动补助由文化部一次性直接发到传承人个人账户。2016年开始，国家级非物质文化遗产代表性传承人补助标准提高至每人每年20000元。2016年补助提高，但是这项补助主要用在代表性传承人开展传习活动上，不是生活补助。安徽省、黄山市、歙县，包括黄山市三个区的非遗代表性传

① 此补贴为国家非物质文化遗产保护专项资金，专项资金分为中央本级专项资金和中央对地方专项转移支付资金，按照开支范围分为组织管理费和保护补助费。组织管理费是指组织开展非物质文化遗产保护工作和管理工作所发生的支出，具体包括：规划编制、调查研究、宣传出版、培训、数据库建设、咨询支出等。保护补助费是指补助国家级非物质文化遗产代表性项目，国家级代表性传承人，国家级文化生态保护区开展调查、记录、保存、研究、传承、传播等保护性活动发生的支出。具体包括：国家级非物质文化遗产代表性项目补助费，主要补助与国家级非物质文化遗产代表性项目相关的调查研究、抢救性记录和保存、传承活动、理论及技艺研究、出版、展示推广、民俗活动支出等；国家级代表性传承人补助费，用于补助国家级代表性传承人开展传习活动的支出；国家级文化生态保护区补助费，主要补助国家级文化生态保护区相关的调查研究、规划编制、传习设施租借或修缮、普及教育、宣传支出等。曹阶铭所拿补助就是国家级代表性传承人补助费，即用于补助国家级代表性传承人开展传习活动的费用。中华人民共和国财政部 http://www.mof.gov.cn：关于印发《国家非物质文化遗产保护专项资金管理办法》的通知，2012年5月4日。

承人也有补助，用途也基本上是参照国家级非遗代表性传承人补助办法制定。

通过这些年的实践结果来看，非遗代表性传承人传习补助，确实起到了调动我们传承技艺积极性的作用，对歙砚制作技艺的传承和发展有很大的帮助。至于要不要利用补助资金的方式调动、鼓励、吸引更多的人学习这个技艺，把这个技艺传承下去，我想这也是政策制定部门需要面对并认真思考的问题。我们歙砚制作是这种情况，徽州三雕、徽墨制作以及其他非遗项目，我想也面临着同样的问题。

## 二、我的传承

歙砚制作技艺源远流长。徽州悠久的历史，底蕴深厚的文化和艺术，勤劳淳朴的人民，还有许多的古迹、大宅民居以及资源丰富的石材资源，为歙砚传承、创作和发展提供了得天独厚的地域条件。这个千年技艺在传承的过程有据可查的有两次大的波折，一次是抗日战争时期，因为没有歙砚石供应，加上歙砚生产无法进行，歙砚制作艺人纷纷改行①。还有一次是“文革”期间，歙砚生产受到严重破坏。这两次波折直接影响的是从事歙砚制作技艺的人，没有人从事这个职业，这个技艺就无法传承。徽州这块神奇的土地让这个技艺没有失传，抗日战争时期，歙砚雕刻工匠无法再做歙砚，他们改行做徽州三雕，养家糊口。后来歙砚厂招工的时候，很多就是做徽州三雕的人。“文革”时期稍微好一些，那些做歙砚的人还不至于改行。到现在，我们制砚人的手艺一直延续着，谱系基本没有遭到毁灭性的断代。

---

① 歙县二轻局专志编写组：《歙砚志》，安徽省歙县印刷厂（内部发行）1986 年版，第 5 页。

### （一）我这一脉

我自从进入歙砚雕刻这一行，跟随师傅学习制砚，到后来我带徒弟，我还真没想过砚雕的传承谱系问题。[①]2006年申报国家级非物质文化遗产代表性传承人的时候，填的表中有这一项，我那时才开始认真思考这个问题。这个问题确实是个大事，不然这个手艺一代又一代传下去，时间久了都不知道自己的祖师是谁。这个和我们的家谱是一个意思，一个家庭有了族谱，我们才能知道自己的辈分，亲戚之间亲疏远近才能搞明白，也才能知道自己的根源所在。

我们国家传统技艺的传承谱系有很多种形式，有父子家庭型，也就是亲缘或者血缘传承，有师傅带徒弟，也叫学徒型，还有就是学堂型。父子家庭亲缘或者血缘型传承，在历史上非常常见，也是传统技艺主要传承的方式，像武术、徽州雕刻、木板年画、景泰蓝等。这个传承有一个非常大的特点就是在家族中传授技艺的时候，遵循传男不传女、传内不传外的传统。[②]随着时代的发展，尤其为了传统技艺的传承发展，到了今天，这个传统已经被打破，这也是社会进步的表现。学堂型的传承，就是在正规学堂里学习手艺，黄

---

① “谱系”一词最早是医学用语，指从先证者入手，追溯调查其所有家族成员（直系亲属和旁系亲属）的数目、亲属关系及某种遗传病（或性状）的表现等资料，并按规定格式将这些资料绘制成图谱。后引证解释为宗族世系或同类事物历代系统及其记载体的统称，此文中传承谱系即表述为歙砚制作技艺者彼此之间有渊源的关系。罗竹风：《汉语大辞典（普及本）》，上海辞书出版社2012年版，第414页。

② 经考证，我国民间的传统技艺如武术、徽州雕刻、岷县铜铝翻砂铸造技艺、天津杨柳青木板年画、景泰蓝制作等，在传承时都有一套不成文的严格规定，就是“传男不传女，传内不传外”。该禁忌的存在，大致原因主要有，古代重男轻女思想比较严重，女儿出嫁被称为“归”，出嫁才是归家。即女儿嫁出去就成了外姓人，会把手艺带到外人家中。男子随祖姓，只有传给儿子，才能子传孙，孙传子，子子孙孙传下去，保证是自家的东西，可以保持手艺的独特性，避免出现竞争。还有就是一般男性的动手能力比较强，而且手艺活确实比较适合男性从事，而且男性更需要一门手艺养家糊口，所以一般“传男不传女，传内不传外”。

山有个木工学校[①]就是学堂型，学生在学校里学习木雕技艺，这个学校办得很红火，培养的木雕人才很抢手。歙县的安徽行知学校[②]也是学堂型传承，安徽省第二批歙砚制作传承人王祖伟[③]就是这个学校毕业的。我学艺就属于师傅带徒弟，学徒型的，非亲缘传承。当然，这几种传承类型不是截然分开的，有的有交叉。比如我的师傅，他就是砚雕世家，后来我师傅教我，这就是交叉型的传承。

要讲起我的传承谱系，需要先从我师傅的师傅开始算起。我的师傅是汪律森，擅长制作仿古砚，他刀法流畅，线条洗练准确，不留刀痕，看他雕刻是一种享受。他最有名的作品，也是他的代表作有《历代砚式》《仿古鼎式砚》。我后来制作的仿古风格的歙砚都是跟师傅所学。我师傅是砚雕世家，他的砚雕手艺是祖传的，他的曾祖父汪桂亮是清朝著名砚工，他祖父汪培玉也是砚雕名工[④]。我师傅的祖父在前面我说过，歙县最后一家汪义兴歙砚店，在抗日战争期间倒闭，这个歙砚店就是他所开。但是我师傅的父亲并不做歙砚。

---

① 此学校是安徽省休宁木工学校，也叫“德胜－鲁班（休宁）木工学校”。因办学出色，中央电视台以《徽州匠士》、安徽电视台以《明日鲁班》、南京电影制片厂以《我的未来不是梦》、凤凰卫视以《盗火者》为题分别对安徽休宁鲁班木工学校作了专题报道。

② 安徽省行知学校为国家级重点职业学校，位于歙县县城。学校开设有徽雕艺术专业，该专业与中国文房四宝协会合办，并与胡开文墨厂（砚厂）建立紧密型合作。该学校 2013 年被确定为歙砚制作技艺传习基地。

③ 王祖伟，1968 年生，安徽黄山市人，工砚雕、擅书画，精砖、木、竹、石刻。师承 85 岁的传统文人派宗师胡震龙。胡震龙，1925 年生，安徽歙县鲍坑村人，字石泉，号帘青轩。青年时代从军，投身抗日战争，任少尉、中尉文书。抗战胜利后，回乡任小学教师，后在文化部门工作，在歙砚厂退休。他精于歙砚创意、设计、雕刻，兼作壁画、木雕、石刻；爱好古诗词，能背诵许多名篇，常以填词、吟诗抒发情感；擅长国画，深得新安画派精髓，晚年作品，糅合了黄宾虹的技法，深得行家赞赏；爱好戏剧，许多京剧名段都可以自拉自唱，还能编导戏剧，是位难得的人才。王祖伟深得其家传技艺。王祖伟毕业于安徽省行知中学工艺美术砚雕专业，是安徽省歙砚制作技艺传承人。

④ 汪培玉(1860—1944)，字韫辉，号谷如。歙县人。同治元年（1862）随父汪桂亮从婺源迁徽城。承父业，搜寻古歙砚，先仿造，后创新，在歙砚上精雕人物、花卉、动物图案和格言，价倍素砚，爱者争购。在徽城镇（歙县县城）开设“汪义兴店”，又挂牌“翰香室砚庄”，主营歙砚，兼营宣纸。何蘧《春渚纪闻》称“歙汪氏庄户砚工也，模仿历代名人砚式，加以琢磨之，力篆刻之功，久为艺术珍赏”。其珍品在商业部和巴拿马博览会均获奖。工隶、篆书，擅篆刻，有印谱两册存世。歙县地方志编纂委员会：《歙县志》，黄山书社 2010 年版，第 1323 页。

我师傅除了教我，还有个砚雕名家方建成，他也是汪律森的徒弟，我跟他算得上是同门师兄弟，他的刀法技巧非常独到，制砚技术高超，我跟着他学习过一段时间。方建成，是歙县人，也是我们老歙砚厂的职工，他的作品风格注重意境，拙中藏巧，神形兼备，深受近代书画界的器重。代表作有《嫦娥奔月》《云水拱月》《黄山图巨砚》。

没有听说过，我师傅汪律森生前还带过其他人做徒弟。他的曾祖父和祖父带徒弟的情况现在查不到相应的信息。要是根据历史上这种手艺亲缘型传承的特点，我师傅家的砚雕手艺应该没有外传。那就是说从我师傅的曾祖父到祖父，再到我师傅，这个传承谱系里没有其他人。我师傅的徒弟有我和方建成，这一代传承基本脉络就是这样。方建成带的徒弟我也不太清楚，我们这个行当，彼此之间很少有交流，所以情况不是太了解。现在有个出名的制砚人叫郑寒[①]，据说他的自我介绍上说是师从砚雕名家方建成。

从老歙砚厂开始，我这几十年总共带过不少徒弟，最大的徒弟是位女弟子。我现在还在带徒弟，如周旗中、吴伟、胡文宾、张浩翔。张浩翔是我的关门弟子，以后不会专门再带徒弟。我的徒弟也有的在带徒弟了，如周旗中就带了徒弟。这样，我这一脉传承谱系就很清晰，总共有六代人，时间跨度也接近两百年。

---

① 郑寒，1963 年 6 月生，安徽歙县人。安徽省高级工艺美术师（砚雕），2009 年 5 月被文化部命名为第三批国家级非物质文化遗产项目歙砚制作技艺代表性传承人。

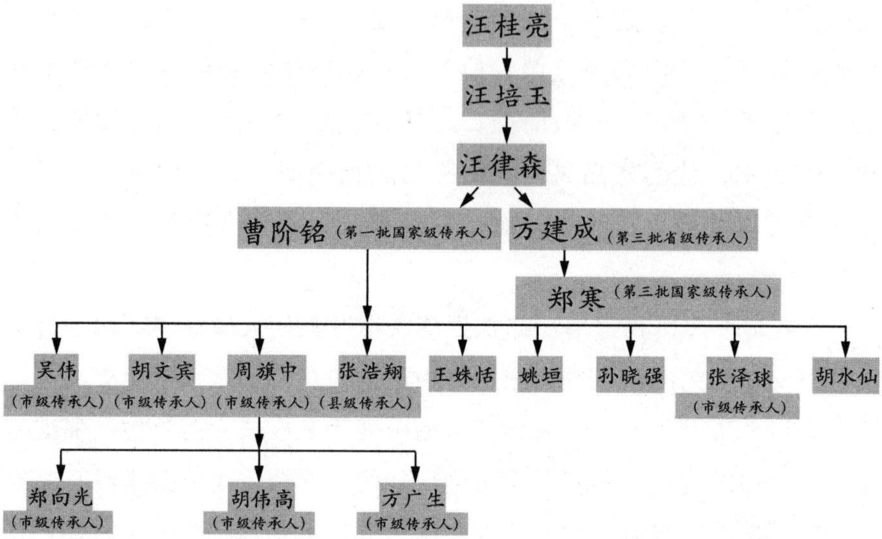


曹阶铭歙砚制作技艺传承谱系

现在社会上很多出名的制砚工匠，大部分来自老歙砚厂，歙砚厂对歙砚雕刻技艺在当代的传承作用非常大。但是有两个现象值得注意。一是，从歙砚厂走出去成名的制砚人，自己努力固然重要，但是歙砚厂是他们成长的平台，这些人出名后，在自己的介绍里好像是有意无意在回避忽略砚厂的这段经历。另一个是，后来成长起来的砚雕人，在介绍自己的时候，很少有人介绍自己的师傅是谁，如果自学成才，那就另当别论。像在歙砚厂，当时学艺的情况可能有点复杂，没有正式的拜师学艺，可能很多人都指导过某一个人，这也不代表自己没有师傅教过。这种情况的存在非常不利于歙砚制作技艺传承谱系的确定。尤其在文化部门的非遗网站上，对于一些非遗传承人的介绍里面，都缺少这项内容。既然在申报非遗传承人的时候，要求填写传承谱系，那为何在介绍这个传承人的时候又缺少这项内容？我个人认为，这个技艺要传承下去，传承谱系很重要，代表性传承人的介绍里需要有这个内容，哪怕传承人的师傅是一个普通的徽州三雕工匠也不能忽略，不然以后怎么知道这个技艺来自哪里。告诉别人你的师傅是谁，一是对师傅传道授业解惑的尊重，这是我们应该做到的；另一个就是为了传承谱系的健全完善。

## （二）徒有所成

大概从1985年起，我开始带徒弟，算到现在，大概有十几个人。我带徒弟首要的是教他们怎么设计和构图，对他们的设计构图进行把关。徒弟刚开始学的时候我帮他们直接把图样画在砚石上，随着他们技巧的提高，我就让他们自己画，画完以后我帮他们修改，再开始制作。至于我对他们要求是否严格，这个可以由他们自己来说。但是我每个月底，都会验收他们的作品。做不好，肯定是得返工，苛刻又不是太苛刻，让他们自由发挥，这样可以锻炼他们的雕刻技巧，我对他们还是严厉中有宽松。我的徒弟现在还在我们厂里工作的，有周旗中、吴伟、胡文宾、张浩翔。他们中间手艺最好的要数周旗中，吴伟和胡文宾也都不错，但是他们离我要求的目标还是很远。

我这些徒弟中，在社会上从事砚雕的有张泽球和胡水仙。张泽球，号石坎轩主，1990年我收他为徒。张泽球擅长山水、人物和花鸟题材的砚雕创作，作品创意讲究儒雅风范，构思精巧，刀法隽永。2004年自创石坎轩歙砚创研室从事精品歙砚创作，2013年任歙县子石砚雕艺术研究所所长，作品多次在国家级专业展会获奖，并被海内外收藏。胡水仙是我的女徒弟，她目前也继续在砚雕行业工作，多有作品获奖。他们都是我在老歙砚厂收的徒弟，后来老歙砚厂改制，他们就自主创业了。

我这些徒弟雕刻的技法和风格，没办法去强求。我只是指导他们，至于他们能不能领会是他们的事情。到了他们这一代，技艺成熟了，他们会挖掘自己的潜力，发挥自己的特长，设计出符合自己特点的作品，这都是他们的事情。作为我来说，我已经把技艺传下去，让技艺得以传承。而且我也会毫不保留地教他们，不存在过去师傅教徒弟留一手的情况。

在我这些徒弟中，我最为得意的是周旗中。他一直跟着我制作歙砚，他现在已经形成了自己独特的雕刻艺术风格，目前已是黄山市第一批歙砚制作技艺的代表性传承人，也是歙砚创作新一代传承人的杰出代表。他的歙砚作品具有相当高的收藏价值，现在陆家嘴金融文化城内的“雪镜艺苑”选取他的部分砚雕精品长期展出，供收藏爱好者观赏。

这些年，我一直要求徒弟们认真雕刻，少些浮躁与虚名，掌握技艺才是安身立命之本，因为这是我制砚这几十年经验的总结。目前厂里的徒弟中，周旗中、吴伟、胡文宾都是市级歙砚制作技艺传承人，他们这些年算是“磨”出了点名堂。2016 年，我们县文化局开展名师带徒活动，我又收了张浩翔、姚垣、孙晓强、王姝恬他们几个为徒，他们现在在构图设计、雕刻技法方面已经有不小的进步。他们这些人里面，张浩翔和王姝恬都是 90 后，王姝恬还是个女孩子。90 后愿意学制砚这个手艺很不容易。就拿张浩翔来说，这个小孩子很聪明，反应快，动手能力也强，对一些雕刻技法方面的知识掌握得快，悟性也强。就像现在的 90 后小孩一样，他也有毛病，静不下心，容易被社会上浮躁的风气影响，中间学艺的时候遇到了困难，甚至产生了放弃的念头，后来在我开导下，又坚持下来。2017 年 12 月他通过了我们非遗传承项目“名师带徒”育才工程的技能考核，学成出师。

# 三、传承困境

现在国家把歙砚制作技艺作为非物质文化遗产项目进行保护，从国家一直到县区都有代表性的非遗传承人，说明国家对我们徽州地区的传统手工艺的重视，对我们徽州地区文化的重视。我作为国家级非遗代表性传承人，就这么多年的感受来说，国家对我们歙砚制作技艺传承投入非常大，每年在传习活动方面投入的经费就非常多。保护我们的歙砚制作技艺，关键是传承人的问题，现在的传承就面临没有人的问题，这也是我一直思考的问题。

## （一）后继乏人

歙砚制作技艺的传承，说白了就是需要人，而且要有文化层次高的人来做这个事。目前这个问题已经到了非解决不可的程度。非物质文化遗产保护最重要的是要有人做这个事，歙砚制作技艺之所以能够成为非遗项目，我能成为非遗项目代表性传承人，主要还是因为这个手艺在未来的某一天有可能失传。

在网上查一查，会发现很多非遗传承人在接受媒体采访的时候，都在说后继无人的问题。在黄山市，不止是歙砚制作，周美洪厂长的徽墨制作也面临这个问题。招到能够静下心，耐得住寂寞，不被社会上各种风气影响的人，真是太难了。由于现在城市发达的经济和生活方式的吸引，还有各种就业平台和机会的增多，年轻人的思想观念和就业观念都和我们那时候不一样，以至于当前歙砚制作人才断层的情况非常严重，导致非遗保护受阻。传统手工艺是一个学习周期长、经济效益低的行业，学成起码要五年以上。即便有一些人愿意学，由于传统技艺制作流程烦琐、复杂，许多人又耐不住性子而中途放弃。现在的年轻人认为从事歙砚制作，不但苦，而且累，学习的时间长，学成出师了，也很难挣到钱，出名就更难。一辈子守着一块石头在那刻，社会地位也不高。所以他们都不愿意学这个手艺，有的人即使学成了，后来也都改了行。我们这里很多年轻人都到经济发达的城市去打工，或者留在本地搞旅游。这就导致学习制砚的人越来越少，直接影响歙砚制作技艺的传承，也影响到非遗的保护。

歙砚制作不但需要有人来学习这个技艺，传承这个非遗项目，而且要有文化层次高的人加入这个队伍。时代发展到今天，随着人们生活水平的提高，对精神生活质量的追求也逐渐提高。喜爱歙砚的人对歙砚需求的变化趋向于追求文化内涵更加丰富的产品，歙砚制作当然要有文化层次高的人。从歙砚制作发展历史上看，学制砚手艺的人都是为了生活和生存，从业人员文化水平普遍不高。到今天，学习制砚的人，文化层次还是不高。确切地说，学手艺还是以生活生存为基本目的，文化层次高的人，还是不愿意从事这个行业。

对于当前歙砚制作技艺传承面临的困境，有的歙砚制作传承人认为，长期来讲，使传统技艺市场化是一个出路。他们认为市场能让更多的人了解、认识传统技艺，市场化能让传统技艺重新回到人们的生活当中，只有人们在生活中离不开它们，这样的传承才能久远。这种市场化的观点，我不太懂他的意思具体是什么。要说市场化，歙砚早就走到市场化这条路上，1978 年改革开放，国家允许个体经济发展，一大批私人制砚出现，到现在，这个斋那个工作室的，不是市场化，他们怎么会产生。1999 年我们老歙砚厂改制，也是为了适应市场经济发展，现在的歙砚市场早就已经完全市场化。再提歙砚制作技艺传承市场化，就有点让人摸不到头脑。歙砚发展市场化之后，就出现了一个好像永远无解的悖论。歙砚发展创新需要走市场化的路子，否则歙砚只能是深巷里的酒，外面闻不到香味。市场化对歙砚传承、发展确实起到了非常大的促进作用。但是现在歙砚市场商业气息太重，以至于从事歙砚制作和经营的人只重利，而将歙砚质量放到了次要位置，至于传承也仅仅是获利的手段而已。

现在歙砚厂是传习基地，我们也一直在想办法把基地的优势给利用起来，传承歙砚制作这个古老的技艺。我们现在每年要接待很多外地学校来研学考察的学生，给他们讲解歙砚知识，现场演示歙砚雕刻。平时每年我们也举办很多传习活动，如参加国家、省市组织的一些歙砚制作技艺的公益宣传活动，到高校开办讲座等。说句实在话，这些活动只能起到宣传作用，让更多的人了解、认识歙砚所蕴含的文化，让社会上认识到非遗保护的重要性，却并不能从根本上改变传承人匮乏的困境。

这里我想强调一个事实，就是老歙砚厂在歙砚制作技艺传承上做出的巨大贡献。从老歙砚厂建立那天起，一直到改制结束，这几十年里，厂里培养了一大批制砚工匠。改制后，老歙砚厂走向社会的工人，又带出了一大批制砚的人。要是说整个安徽省的歙砚雕刻工人都是由这个厂培养的，这句话也不夸张。尤其是在“文革”期间，歙砚厂保护了砚雕工人，让他们没有因为生活而流离失所，而且没有为了生活改行，让歙砚制作工匠没有出现断代的情况。今天我们在讲歙砚制作技艺传承的时候，老歙砚厂的模式其实是非常值得认真思考的。

为了歙砚制作技艺薪火相传，歙县县政府启动了非物质文化遗产“名师带徒”育才工程。工程从 2016 年 6 月正式开始，实施的范围包括徽墨制作技艺、歙砚制作技艺、徽派盆景技艺、徽州砖雕、徽州木雕、徽州竹雕、徽州民歌、张一帖内科等 11 项国家级非遗项目和徽派版画、贡菊制作、叶村叠罗汉等 6 项省级非遗项目，入选的名师

曹阶铭开展歙砚制作传习活动

都是相关项目的国家级和省级传承人，徒弟报名需要热爱非遗项目，能够坚持学习。我是这个工程的老师之一，我的徒弟里面就有在工程中招的。“名师带徒”工程真正能够在一定程度上缓解歙砚制作技艺乏人的问题，希望这个工程能够持续推进下去。

还有一个问题也对传承有影响，那就是歙砚石的问题，现在每隔几周雕刻厂都要接收一批新到的砚石。我带着徒弟们查验，每次验收的时候我总很感叹，老坑的石头越来越少见。随着老坑砚矿的关闭，市场上老坑砚石价格水涨船高，虽然歙县当地开采出了“新坑”的砚石，但歙砚石的品质和老坑的相比，要逊色很多，价格和“老坑”相差很大。无论是“老坑”还是“新坑”，歙砚原材料的短缺是我们行业当前面临的一大困境。虽然我们厂储备了很多歙砚石，但是总有用完的那一天，这个情况在歙砚制作技艺传承的过程中，会成为一个非常大的问题，没有歙砚石，那就是“巧妇难为无米之炊”，再高水平的雕刻工匠，也没法工作。

### （二）歙砚制作技艺面临的挑战

歙砚制作技艺传承，除了面临后继无人的困境和石材枯竭的问题以外，还有就是歙砚质量问题。歙砚是我们徽文化的一个符号和元素，其意义和价值不是一般的物品所能匹敌的。歙砚的质量问题，不单单是歙砚石的品质和雕刻技艺差异问题，关键在于由什么雕刻水平的人来制作的问题。歙砚雕刻技艺体现歙砚质量，一个刚出师的砚工雕刻的和一个大师雕刻的，质量肯定是不可同日而语的。一方人工雕刻的歙砚和机器雕刻的歙砚，在质量上更不能画等号。从劳动量上来看，人工雕刻一方歙砚的工作量非常大，要是设计构图复杂，雕刻技法手法要求高，一方砚花费的时间就更多了。现在很多手工产品价格都非常高，就是这个原因。如果是电脑雕刻，那就非常简单，只要把图纸设计好输入电脑，很快就能完成一方歙砚的雕刻，甚至快到几个小时就能完成。

对于电脑制作完成的歙砚，我们该如何来看，我想现在很多行业内的人都已经意识到了这个问题。这也是歙砚制作面临的一个挑战，这种挑战不是我们歙砚制作一个行业，书画领域也是如此。一幅名家的画作，利用计算机印刷技术，很快就能进行批量生产。机器代替人工是现在科技进步的一种表现，电脑机器雕刻，目前还不能在歙砚制作上大规模使用。机器雕刻歙砚只能完成一些规则砚，而对于随形砚，需要利用歙砚石天然纹理，运用深浮雕等雕刻技法，机器则不能完成。最近这些年，随着人工智能的飞速发展，谁也不能保证明天或者后天，明年或者后年，机器雕刻不会在歙砚制作上大规模地应用。

2015 年 12 月歙砚获得国家地理标志产品保护[①]，2009 年我们县为了保护歙砚，打击伪劣歙砚产品，还专门制定了《安徽省歙砚地方标准》。只有这些，我觉得要保护歙砚的正宗性及保证歙砚质量，还是不够的，政府还应联合行业组织制定出台一系列办法，规范歙砚生产和销售。同时引导从事歙砚生产销售的单位和个人加强自律，政府加强监督。

有几个问题这里需要厘清一下。现在黄山市从事歙砚制作的个体户非常多，江西婺源也是，大家生产出来的都叫歙砚，那要不要有个规范，比如各自的产品要有商标。就像水果，苹果、香蕉都叫水果，那山东烟台的苹果和陕西杨凌的苹果，海南产的香蕉和广西产的香蕉，品质是否一样？显然不一样。有了商标，不但能够保证歙砚质量，也能够保护制砚人的利益，还能防止伪劣歙砚冲击市场。还有就是机器雕刻的歙砚怎么认定的问题，我们行业的人都知道，市场上的机雕歙砚不是正宗的歙砚。我们拿到机雕的歙砚一眼就能看出来。我们是做这行的可以看出来，那消费者就不一定，消费者如果高价买了机雕歙砚，算不算买了假货。上面我也说到了，人工智能发展这么快，说不定哪一天，机器就取代了人来制作歙砚。如果真有那么一天，歙砚制作技艺的传承，机器算不算传承人，上面

---

① http://kjs.aqsiq.gov.cn 国家质量监督检验检疫总局科技司。《质检总局关于批准对达茂马铃薯等产品实施地理标志产品保护的公告（2015 年第 162 号）》对黄山白茶（徽州白茶）、怀宁贡糕、岳西桑皮纸、三潭枇杷、歙砚、徽墨等 48 个地理标志产品保护申请进行审查。经审查合格，批准上述产品为地理标志保护产品，自即日起实施保护。

这些问题都是需要管理部门思考的。上千年的传统手艺面临的不单单是人才缺乏、歙砚石枯竭、歙砚产品质量等老问题，还面临着现代科技进步带来的新问题。

## 四、创新

### （一）歙砚发展需要创新

创新现在已经成为我们这个社会中一个经常提及的词语，在传统手工艺领域，很多专家学者都在提创新发展传承问题。毫无疑问，歙砚要发展，歙砚制作技艺要传承，也离不开创新。

事实上，歙砚制作技艺的创新，体现在歙砚发展的每一个过程中，可以追溯的时间也非常久远。这种创新体现的是制砚工匠的智慧，是随着时代发展而进行的。创新就是改变，歙砚的发展，就是历朝历代的制砚工匠们在继承传统的基础上，将技艺往前一点点推进，经过几千年的积累，才形成如此厚重的传统。创新和传统的关系，就像我以前看过的一句话说的那样："传统就是昨天的创新，创新就是明天的传统。"①

歙砚在唐代开始兴盛，在宋代得到了快速的发展，从元代到清朝末年逐步衰退。在歙砚发展的进程中，歙砚的创新主要体现在歙砚造型的变化上，由造型的变化带来雕刻风格、雕刻技法的改变。前面我已经说过，歙砚的造型千变万化，但是总结起来主要是三种：几何形、仿生形和随形。所谓的几何形也就是规矩形，在历史上这是歙砚造型

---

① 此话源自台湾地区锡雕工艺大家陈万能。原话为："昨日的创新，就是今日的传统；今日的创新，就是明日的传统。时间一直在走，不会停下来等我们。唯有不停下脚步地努力创新，才能开创自己的路。"

的主流，我们从《歙砚志·古砚图谱》中也能看到。[①]从唐代以来几何形歙砚一直经久不衰，具体有正方形、长方形、圆形、六角形、八角形、椭圆形、梯形等。仿生歙砚，也就是仿造物体的形象的砚形，比如蝉形、鹅形、龟形、瓦形、钟形、琴形、莲叶形、竹节形等，总共加在一起有五六十种。

唐代时的歙砚也和其他砚台一样，都是以箕形为主流，就是前高后低、前窄后宽的箕形淌池砚，背部的尾端有两个长方形或圆柱形、梯形的柱足，背部的首端有的雕刻成圆形着地，有的雕刻成方形着地。唐代还有传承汉代时期的那种圆形砚，也就是渠形石渠砚。唐末至五代，歙砚造型的变化有一个特点，渐渐将两个尾柱足雕刻成像两面墙一样的足。这种变化，可以看到歙砚开始从箕形向梯形和长方形的转化，这可以看成是宋代抄手砚的前身。到了宋代，歙砚背部挖空的深度、弧度加深、加大，使得两侧墙逐渐增高，形成了明显的抄手。

从宋代到明代，再到清代，歙砚的造型一直在变化中，比如抄手砚式中墨堂、砚池、线条与砚面的变化。清代抄手砚雕饰纹样和图案多样化都已出现，像花鸟虫鱼、人物走兽、山水园林等为题材的众多纹饰在歙砚雕刻中都得到运用。到后来抄手砚逐渐消失，随形砚和板砚出现，雕刻技法上更加注重观赏性。这里面的每一种造型的出现，都是歙砚发展进程中，随着社会经济文化的发展，砚雕工匠创新精神的体现。

当代歙砚式样在继承传统的基础上，又有了新的发展，造型的重点转向了随形砚，着眼于欣赏的需要，砚堂与砚池都成了砚的象征而

---

① 歙县二轻局专志编写组：《歙砚志·古砚图谱》，安徽省歙砚印刷厂（内部发行）1986年版，第55~70页。

不是主题。突出雕刻的主体审美形象，以综合、立体的造型手法来表现物象和自然，出现了求大求奇的现象，歙砚的艺术性得到极大的增加，而实用性逐渐减弱。

当前，歙砚的造型更加丰富多彩，除了仿古型以外，随形砚也在老歙砚厂的开发下，有了长足的发展。歙砚的雕刻纹饰，题材更加多样，山水人物题材的歙砚非常典雅优美，受到消费者的喜爱。歙砚的雕刻手法，也呈现出多样性，借鉴并融合运用了徽州三雕的很多雕刻技法。像深浮雕和镂空雕，这些在歙砚雕刻中不常用的技法也有运用，我的作品里就有使用。

从以上我讲的这些关于歙砚的发展，以及歙砚造型和雕刻技法的演进，我们能够很清晰地看到歙砚的创新。没有创新就不会有今天的歙砚。

### （二）歙砚创新度的把握

歙砚在传承过程中的创新，是随着时代的变化，人的需求的改变，自然而然形成的，不是刻意和强求的。所以我们今天讲歙砚创新，创新并非标新立异、割裂传统，而是要在保证传统工艺的精髓和本质“不变味”的前提下推陈出新。

千年歙砚，首先贵在石质的特殊上，自然天成的纹理，这是任何其他砚石都不具备的。其次贵在砚雕工匠巧妙构思、精雕细琢的技艺上。在歙砚这两个宝贵特质的前提下，再来思考怎么进行创新，怎么进行传承，这里就有个度需要把握，不能因创新而丢掉传统。比如说，歙砚图案中的设计，吉祥纹饰源远流长。通常都是以吉祥语、民间谚语、神话故事为题材，用借喻、比拟、双关、象征等表现手法，将图案和吉祥语完美结合，凝结着人们的美好愿望。后来写意山水也用在歙砚图案设计中，带给人们一种美的感受，除此之外其他图案不能用在歙砚中，这可以理解为歙砚制作中的禁忌。那么现在社会生活中有很多人们喜闻乐见的流行元素，像卡通人物、科幻故事等。这些流行元素如果作为图案题材用在歙砚制作中，虽然很能结合现代社会生活，而我觉得这样就破坏了歙砚原本的那种文化内涵和典雅古朴的风格，让人有种不适宜的感觉。这样我觉得不是创新，而恰恰是丢掉了传统。

针对歙砚创新的问题，我们行业里也有人提出一些建议。有人说，目前歙砚石面临着枯竭的困境，大的砚石已经很难开采到，而在平时生产中，又有很多边角石料，扔了可惜。有人就建议把这些小的歙砚石利用起来，可以雕刻歙砚造型的挂件、配饰等工艺品、纪念品。这个想法非常不错，可以废物利用。事实上，这个想法顶多算作一种歙砚生产管理方面的改进建议。这些利用边角料制作的产品，已经不是传统概念里的歙砚，这个跟歙砚创新没有多大的关系，更谈不上歙砚制作技艺的传承。

我觉得在讨论歙砚创新这个问题时，只有加强对传统文化和传统工艺内涵的理解，才能立足传统，提高歙砚的品质，使当代创新成为传统的延续。传统工艺追求精雕细琢、专注细致的制作方式正是近年来所提倡的“工匠精神”的体现。在粗制滥造、快餐式消费品流行的今天，注重质量和内涵的传统工艺品重新获得了人们关注的目光。歙砚的创新不能忘记传统和传承，更不能为了创新而创新，这样不但不能保护我们的千年制砚技艺，甚至于会毁了我们的技艺。

# 五、制砚感悟①

歙县是一个历史悠久、文风昌盛的文化和艺术之乡，这里的许多文物古迹和大宅名居，营造了四大名砚之一“歙砚”的创作氛围。

歙砚原石取材于江西省婺源县龙尾山（原属安徽省歙州），为片状层页岩。歙砚石质细腻如肌，暗含锋芒，缜密发墨，油润生辉，具有下墨快，不损笔锋，贮墨水不涸等特点。此外，砚石还有其独特的纹理，如眉纹、金星、金晕、银星、玉带、水浪、罗纹、鱼子等几十个品种，歙砚也因此得到古今中外文人墨客的赞扬。

我在歙砚的雕饰风格上因受传统因素的影响，主要以浮雕为主，有时辅以立雕透雕等手法，力求突出作品中的主线。经过十多年的摸索、探求，我认识到制砚并不单纯是个人的谋生方式，同样也是个人艺术上的表现，制砚已经成为我人生价值的一种体现方式。歙砚在成为各位藏家案头点缀，或是文人墨客爱物的同时，也是我心中一种潜藏的精神。

歙砚的制作并不是一个独立发展的创作，我自幼习画，且时常观看一些徽派砖、木、石雕作品，从中吸取了许多祖宗的遗产精华，这些传统的成分在我现在的技艺中打上了深深的烙印。歙砚的制作，我认为也是一种时代的体现，个人理念的体现，它所表现出的是传统与现代的碰撞，也是作者个人传统与现代的碰撞，个人精力、气势、神韵都完全融入这片砚石之中。

谈到精力，我个人认为制砚是一个用脑用力的过程，在制作过程中不用脑子，就不能洞察全图，就分不清阴阳，也就无法对整图有充分的理解，当然不能完美地表现细条的刚健、挺秀，图案的浑厚、大方。

---

① 此部分源自曹阶铭的文章《制砚技艺探讨——我的感悟》。因访谈中曹阶铭说到过这篇感悟文章，故将其录于此处。为了忠实于原文，笔者未对文章进行改动。

认真理解了构图的精神，有了精湛的技术，掌握了准确的力度，才能制作出好的作品。

气势是歙砚作品中的灵魂，是创作者内心感受在作品上的体现。能不能刻好一幅作品并不是随便抄一点、看一点就能得来的。我认为歙砚的气势在构图上就要有所表现，虽说构图客观上有一定的规则、范围，但主观上要有取舍。构图时要根据石材的石质、纹理，加上作者的感情来进行构思。有些作品可通过内心的想象，经过一番艺术构思，在洗涤去除砚石表面的杂质后，将砚上最真实的一点突出出来，以生动地体现出砚石上的云、水、山石、花鸟等各种图案，这样一件作品才能有灵气、有生机。歙砚的气势也是创作者气势在作品中的体现，不论任何题材，都要做到有疏有密，注重重点，不一味平等对待。该深则深，该浅则浅，在远近关系的处理上要留有一定的空间，以表现出作者的气势，让人观后有一种直观的美感。

神韵是可意会而不可言传的，似与不似，从物外而得。"似与不似间"是一种理念，也是一种境界。大自然给了我们许多物质条件，我们应多观察感悟。艺术源于生活而高于生活，只要我们用心体察大自然的具体事物，再经过自己生活主观以及心灵化的提炼，取舍美化，相信通过努力定能创作出具有神韵的作品。

制砚之余，我也喜好一些古物，并常制作一些仿古砚。古人作品多朴素、大方，注重刻画线条并且实用，这正是我们现代砚作品所缺少的东西。对于古人所留的文化遗产，我认为不能一味死守，但也不能丢弃，而要将它活用。在表现手法上应取长补短，并融入其中，作为自己艺术创作的营养，使其成为自己的血肉，以滋养创作的新生命。

我虽然在制砚上取得了一定的成绩，一些作品也获得过很多奖项，得到书画家和业内人士的肯定，但我还要努力，学习各家之长，争取有更大的进步。

# 附录：安徽省歙砚地方标准①

## 安 徽 省 地 方 标 准
## DB34/T 1378—2011
## 歙砚
## Shezhou inkstone
## 2011-04-21 发布 2011-05-21 实施
## 安徽省质量技术监督局　发布

### 前　言

本标准按照 GB/T 1.1-2009 给出的规则起草。

本标准由歙县质量技术监督局提出。

本标准主要起草单位：歙县新安歙砚艺术博物馆、歙县歙砚协会、安徽省歙县工艺厂、歙县质量技术监督局、歙县科技局、歙县文化广电新闻出版局。

本标准主要起草人：凌红军、曹阶铭、王祖伟、王宏俊、吴国水、李利宾、张永鸿、孙小勇、鲍丽仙、黄德耀、凌睿、夏南生。

---

①《安徽省歙砚地方标准》2011 年发布实施，曹阶铭是该标准制定者之一。该标准除了对歙砚产地、石质特性、砚石坑口、砚石品质、制作流程、歙砚石要求等有详细规定外，对歙砚石品的主要天然纹理进行了详尽的描述，并配有对应的图片。这对歙砚爱好者和消费者鉴赏歙砚有非常大的帮助，故将该标准附在文后。另，根据《国家标准委关于做好地方标准管理有关工作的通知》（国标委地方〔2018〕9 号）要求，安徽省质监局组织对安徽省地方标准及计划项目进行了自查清理，经各标准归口管理单位自查初审、专家组复审和网上公示，安徽省质监局于 2018 年 9 月 27 日发布安徽省地方标准及计划项目自查清理结论的第 7 号公告，《安徽省歙砚地方标准》也在废止之列，但是这并不影响歙砚爱好者和消费者据此鉴赏歙砚。

## 1. 范围

本标准规定了歙砚的术语与定义、原材料、制作工艺流程、产品分类、要求、试验方法、检验规则以及标志、包装、运输和贮存。本标准适用于以古徽州地域范围内出产的砚石为原材料，经特定工艺或艺术创作雕刻而成的砚台。

## 2. 规范性引用文件

下列文件对于本文件的引用是必不可少的。凡是注日期的引用文件，仅所注日期的版本适用于本文件。凡是不注日期的引用文件，其最新版本（包括所有的修改单）适用于本文件。

GB/T 9966.3　天然饰面石材试验方法第 3 部分：体积密度、真密度、真气孔率、吸水率试验方法

GB/T 17924　地理标志产品标准通用要求

QB/T 1751-1993　石砚

## 3. 术语与定义

GB/T 17924 确定的以及下列术语和定义适用于本文件。

### 3.1　歙砚

指以古徽州地域范围内的砚石为原材料，按照歙砚制作技艺加工而成的砚台，其特点是“石质坚润、纹理缜密、涩不留笔、滑不拒墨、贮水不涸”。

### 3.2　古徽州

是一个特定历史地理概念，指清末的徽州府行政区域及其相关地域，俗称“一府六县”。与其相对应的现今行政区划范围是：安徽省黄山市的全境，安徽省宣城市的绩溪县，江西省上饶市的婺源县。

## 4. 原材料

### 4.1　砚石地域

应产自古徽州地域范围内。

### 4.2　砚石特性

应石质优良，适宜雕琢，莹润细密，有“坚、润、柔、健、细、腻、洁、美”八德，扣之有声，抚之若肤，发墨益毫。

### 4.3　砚石坑口

4.3.1　婺源县砚坑。主要有砚山（龙尾山）砚坑和大畈（济溪）砚坑。其中砚山（龙尾山）砚坑包括眉子坑、罗纹坑、水舷坑、金星坑、罗纹里山坑、紧足坑、水蕨坑、庄基坑、叶九坑、溪头坑、外庄坑、桥头坑以及芙蓉溪子石、武溪子石、柴林石等。大畈（济溪）砚坑包括济溪坑、碧里坑以及大畈绿石、鱼子金晕石等。

4.3.2　歙县砚坑。主要有溪头坑（龙潭石）、岩源坑、紫云坑、庙前坑、洽河坑、苏川坑、渔岸坑以及豹斑石、歙红石、歙青石等。

4.3.3　休宁县砚坑。主要有大连砚坑、岭南砚坑、冯村砚坑等。

4.3.4　祁门县砚坑（主要分布在上洲和胥岭一带）。

4.3.5　黟县砚坑（主要分布在方家岭一带）。

4.3.6　绩溪县砚坑（主要分布在洪坑、洪川一带）。

### 4.4　砚石石品

4.4.1　按地质（岩石）学分类，砚石纹饰主要分为沉积构造纹饰、变成构造纹饰以及复成构造纹饰 - 混合纹饰三大类。其中沉积构造纹饰可细分为层理纹饰、金属纹饰和沉积复型纹饰三类；变成构造纹饰可细分为叶理纹饰、斑点纹饰、变成复型纹饰三类。

4.4.2　砚石纹饰按天然纹理划分，主要有眉纹、罗纹、金星、金晕、鱼子纹、带状纹、歙红、歙青、紫云玉斑等几大类石品。在上述几大类别中，还可再细分更多的石品名称，比如眉纹金晕、水波罗纹、玉带金星等。

4.4.3　确定砚石石品的主要天然纹理图片参见附录 A。

## 5. 制作工艺流程

按照国家非物质文化遗产保护制度所确定的歙砚制作技艺要求，歙砚完整的制作工艺流程如图 1 所示。

选坑→采石→选料→设计→粗加工→精加工→打磨→上光养护→配盒→检验
↓
包装

图 1 歙砚制作工艺流程图

## 6. 产品分类

### 6.1 按外形可划分为：规格歙砚和随形歙砚。

注 1：规格歙砚是指经过工艺加工并呈现出一定几何形状的歙砚，主要有长方形、正方形、圆形、菱形、椭圆形等规格砚。一般长方形、正方形规格砚其长度范围在 76 毫米 ~ 305 毫米；圆形规格歙砚其直径范围在 102 毫米 ~ 254 毫米；菱形、椭圆形规格砚其长度范围在 76 毫米 ~ 254 毫米。

注 2：随形歙砚是指规格歙砚以外的，按作品呈现所需要的形状或自然石料形状，经过工艺加工的各种造型歙砚。

### 6.2 按用途可划分为：书画用歙砚和工艺收藏品歙砚。

## 7. 要求

### 7.1 感官

7.1.1 一般要求

7.1.1.1 砚池和砚堂外观

手感平滑，无明显的划痕，无影响美观和使用功能的裂痕。

7.1.1.2 造型和布局

美观大方、因材施艺、布局合理。

7.1.1.3 图饰

优美、具有民族风格、富显徽州文化特色。

7.1.1.4　雕刻

线条准确流畅、物象清晰，层次分明、雕琢精美。

7.1.2　书画用砚特殊要求

7.1.2.1　观砚

温润细腻，纹饰（或天然纹理）清晰。

7.1.2.2　抚砚

如孩儿面，似美人肤，呵气生云。

7.1.2.3　扣砚

玉德金声，铿锵玲珑。

7.1.2.4　用砚

石滑不涩，发墨益毫，储墨不涸，久磨不损。

## 7.2　物理特性

歙砚的物理特性应符合表 1 的规定。

表 1　物理特性

| 项目 | 要求 |
|---|---|
| 莫氏硬度 | 3 ~ 5 |
| 体积密度 /（$g/cm^3$） | 2.5 ~ 3.0 |
| 吸水率 /（%） | 0.1 ~ 0.2 |
| 发墨量 /（$mm^3/min$）≥ | 6 |
| 注：发墨量仅适用于书画用砚。 | |

## 7.3　尺寸

7.3.1　规格歙砚

尺寸允许公差：204 ~ 305 毫米为 ±2.5 毫米；103 ~ 203 毫米为 ±2.0 毫米，102 毫米以下为 ±1.5 毫米。

7.3.2　随形歙砚

尺寸允许公差不作要求。

### 7.4 砚盒

底、盖吻合。砚盒印附的文字图案、标志应清晰。

## 8. 试验方法

### 8.1 感官指标和砚盒

手感目测。

### 8.2 物理性能

#### 8.2.1 硬度

采用方解石和磷灰石两种标准矿物分别与歙砚石相互刻画，判定。

#### 8.2.2 体积密度

按 GB/T 9966.3 规定的方法进行测量。

#### 8.2.3 吸水率

将试样在 20（±2）℃的温度条件下，放置 60 秒后称重 $M_1$，然后浸入水中 60 秒取出，用干布擦净试样表面的水，在以上温度条件下放置 10 秒，再用分析天平称重试样 $M_2$，按公式（1）计算其吸水率 H：

$$H=\frac{(M_2-M_1)}{M_1}\times 100\% \cdots\cdots (1)$$

式中：

H——饱和吸水率；

$M_1$——吸水前试样质量（克）；

$M_2$——吸水后试样质量（克）。

#### 8.2.4 发墨量

按 QB/T 1751-1993 第 4.2 条规定的方法进行测量。

### 8.3 尺寸

用精度为 0.1 毫米的尺子测量。

## 9. 检验规则

### 9.1　组批、抽样

对于规格砚，同一砚坑原料、相同工艺制作的歙砚为一个组批，从相同组批中随机抽取 2 个作为检验试样；对于随形砚，单一歙砚即为 1 个组批的检验试样。

### 9.2　出厂（交收）检验与型式检验

9.2.1　出厂（交收）检验

9.2.1.1　歙砚成品出厂前须经企业检验部门检验合格，签发合格证书后方可出厂。

9.2.1.2　出厂（交收）检验的项目为感官、尺寸和砚盒。

9.2.2　型式检验

9.2.2.1　型式检验的样本应从经出厂检验的合格品中抽取。

9.2.2.2　型式检验为全项目检验。

9.2.2.3　有下列情况时，应进行型式检验：

a. 材料来源发生重大改变可能影响产品性能时；

b. 停产半年以上又重新生产时。

### 9.3 判定规则

9.3.1　检测结果符合本标准规定的全部技术要求的，则判该批（个）歙砚为合格品。

9.3.2　任一项指标不符合要求时，可以进行加倍抽样复检的，进行复检，如复检结果仍不符合要求的，则判为不合格品，标明按处理品处理。不能进行加倍抽样复检的，直接按处理品处理。

9.3.3　购销双方对产品质量发生争议时，应由双方共同抽样，交法定仲裁机构检验，以仲裁机构的检验结果为准。

## 10. 标志、包装、运输和贮存

### 10.1 标志

产品合格证或说明书应载明下列内容：产品名称、厂名、厂址、生产日期、执行标准、坑口及石品名称、砚雕师字号或姓名。

### 10.2 包装

包装应结构合理、坚实。

### 10.3 运输

运输过程中，应轻装轻卸、防压、防冲击、防震、防潮、防晒。

### 10.4 贮存

产品应存放于通风、清洁的库房中，定期养护。

# 附 录 A
# （资料性附录）
# 歙砚石品的主要天然纹理

## A.1 沉积构造纹饰

### A.1.1 层理纹饰

#### A.1.1.1 刷丝纹

歙砚石中的一种细层理，如刷拂拭之状，而显示出层层平行纹理。见图 A.1 至图 A.4。

图 A.1 细刷丝纹 1（砚山砚坑）

图 A.2 细刷丝纹 2（砚山砚坑）

图 A.3　粗刷丝纹 1（济溪砚坑）

图 A.4　粗刷丝纹 2（砚山砚坑）

A.1.1.2　玉带纹

呈条带状，粒度的变化、颜色的变化及沉积物质成分的变化，从而导致纹理的变化。见图 A.5。

图 A.5　玉带（砚山砚坑）

A.1.1.3　彩带纹

因条带状纹饰中含有不同的金属物质而呈现出不同的颜色条带。见图 A.6 至图 A.7。

图 A.6　彩带（砚山砚坑）

图 A.7　彩带纹（歙县岩源砚坑）

### A.1.2　金属纹饰

#### A.1.2.1　金星

指黄铁矿呈星散状分布在砚石上，外观呈现金星状。见图 A.8 至图 A.12。

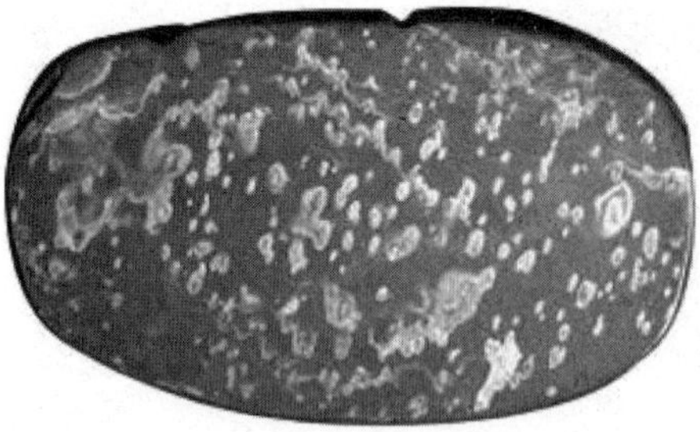

图 A.8　圆点金星（砚山砚坑）

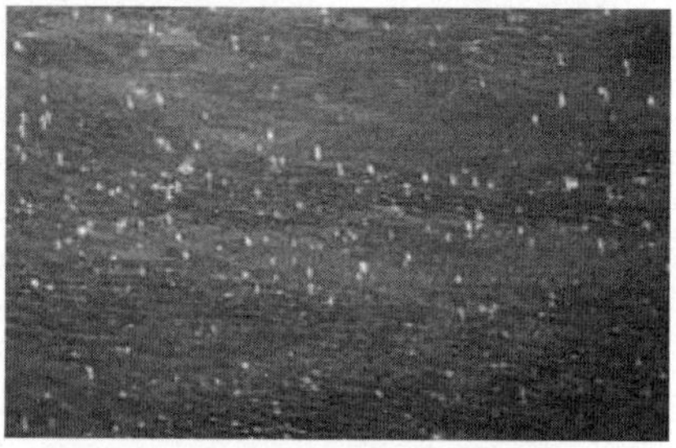

图 A.9　粟米金星（砚山砚坑）

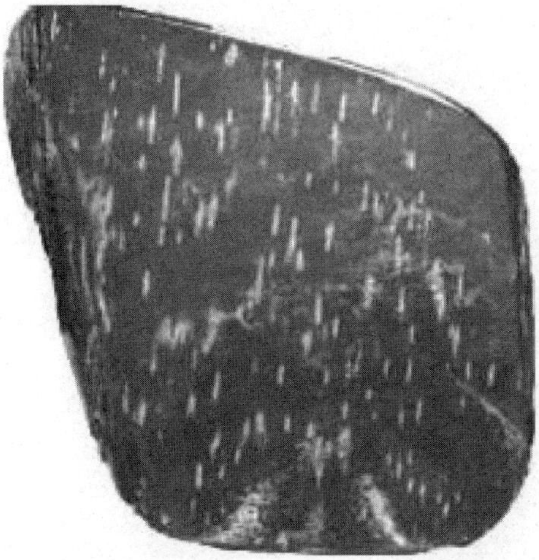

图 A.10 雨点金星（砚山砚坑）

图 A.11　雨丝金星（水舷坑）

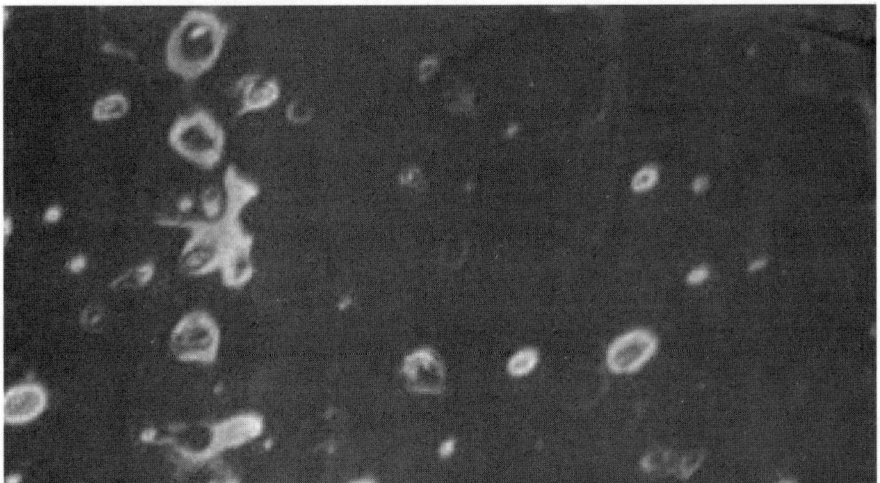

图 A.12　凤眼金星（砚山砚坑）

A.1.2.2　银星

指白铁矿呈星散状分布在砚石上，外观呈现银星状。见图 A.13。

图 A.13　银星（金星坑）

A.1.2.3　金花、金晕

是由黄铁矿或黄铜矿物所构成，是硫化物的结核体。见图 A.14 至图 A.19。

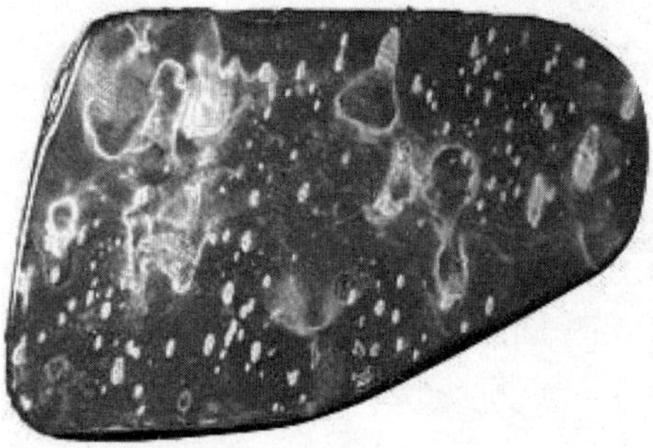

图 A.14　金花（水舷坑）

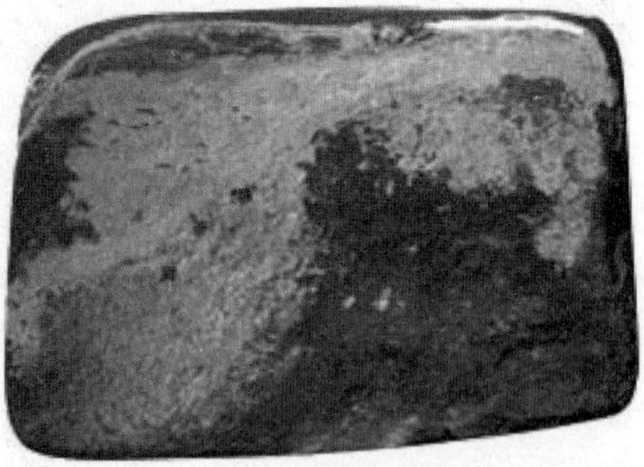

图 A.15　金晕（金星坑）

图 A.16　金线金晕（砚山砚坑）

图 A.17　龙眼金晕（砚山砚坑）

图 A.18　云雾金晕（金星坑）

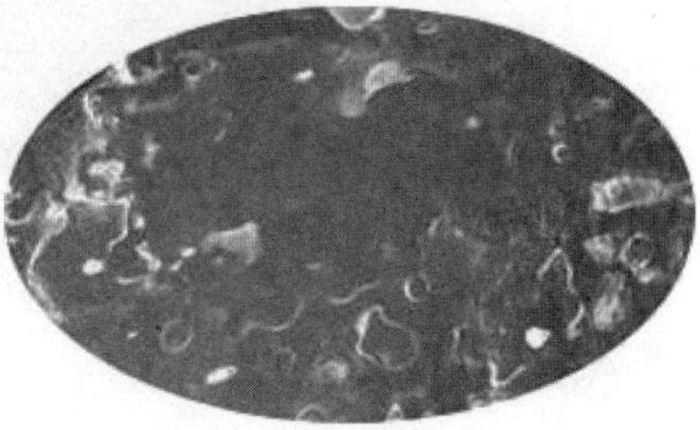

图 A.19　银晕（金星坑）

### A.1.3　沉积复型纹饰

#### A.1.3.1　水浪金星

见图 A.20。

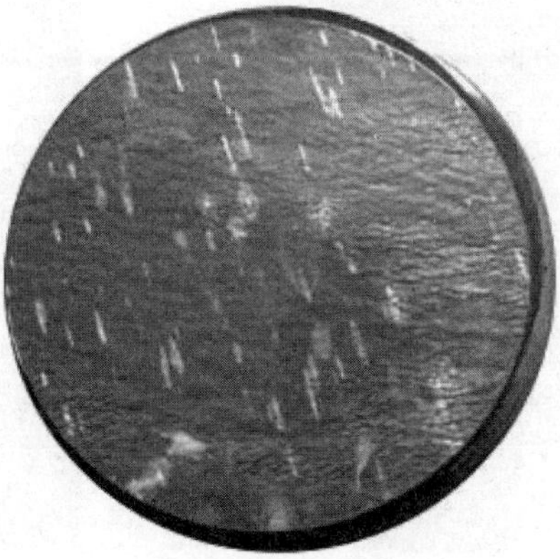

图 A.20　水浪金星（砚山砚坑）

A.1.3.2　玉带金星

见图 A.21。

图 A.21　玉带金星（砚山砚坑）

## A.2　变成构造纹饰

### A.2.1　叶理纹饰

A.2.1.1　水浪纹（角浪纹）

是指歙砚石中由构造变形与变质形成一系列不同形态的皱纹，形似海里、湖里荡漾的波涛。见图 A.22 至图 A.23。

图 A.22　粗水浪纹（水舷坑）

图 A.23　小水波罗纹（水舷坑）

### A.2.1.2　细罗纹

因岩石变质作用，新生小片状矿物（如绢云母）密集排列呈现许多小皱纹。见图 A.24 至图 A.25。

图 A.24　暗细罗纹（砚山砚坑）

图 A.25　暗细罗纹细部特征

### A.2.1.3　粗罗纹

见图 A.26 至图 A.27。

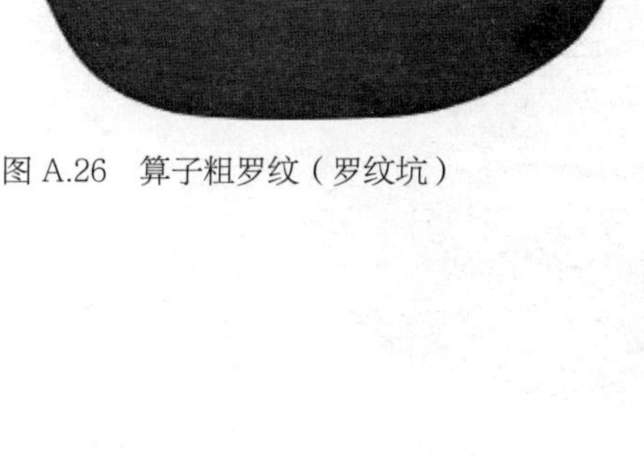

图 A.26　算子粗罗纹（罗纹坑）

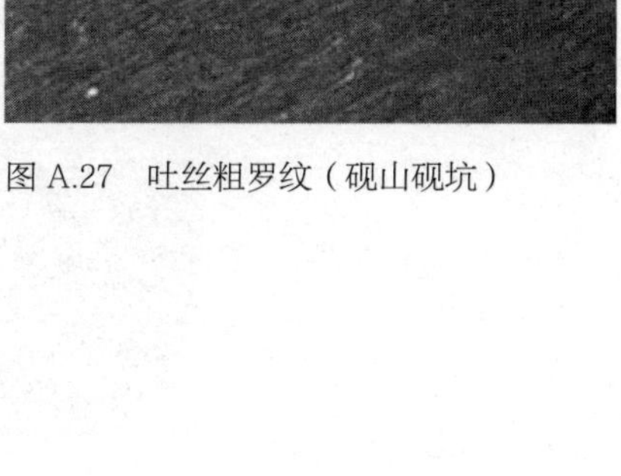

图 A.27　吐丝粗罗纹（砚山砚坑）

### A.2.2 斑点纹饰

#### A.2.2.1 鱼子纹

形似鱼卵，也称鳝肚纹，是斑点状含粉砂板岩，由少量粉砂和大量绢云母组成。见图 A.28 至图 A.30。

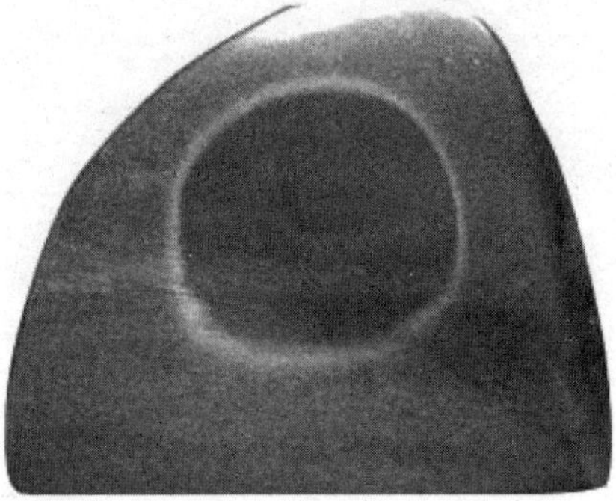

图 A.28 鱼子鹅蛋纹（砚山砚坑）

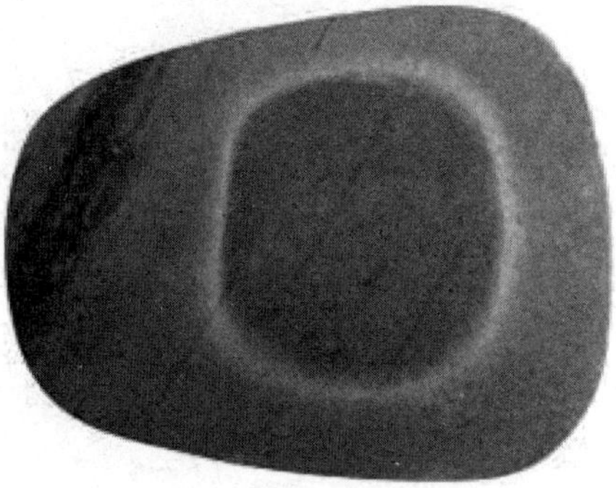

图 A.29 鳝鳇龙蛋（砚山砚坑）

图 A.30 鳝肚鱼子眉纹（眉子上坑石）

A.2.2.2　紫云玉斑

为紫色含粉砂板岩。呈紫红或猪肝色，有的是紫红色基底上散布着翠绿色斑点，有的是翠绿色斑中镶嵌着紫云。见图 A.31。

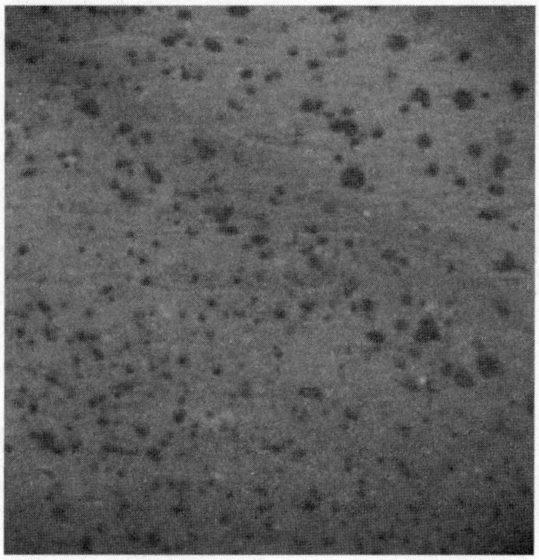

图 A.31　紫云玉斑（紫云坑）

## A.2.3　变成复型纹饰

A.2.3.1　眉纹

犹如美人眉毛，石质细腻，为铁锰矿物、炭质及绿泥石，是层理纹饰或脉状层理纹饰与劈理纹饰的混合。见图 A.32 至图 A.41。

图 A.32　对眉（砚山砚坑）

图 A.33　凤尾眉纹（砚山砚坑）

图 A.34　阔眉纹（砚山砚坑）

图 A.35　长眉纹（砚山砚坑）

图 A.36　带状眉（砚山砚坑）

图 A.37　细眉纹（砚山砚坑）

图 A.38　线眉纹（砚山砚坑）

图 A.39　雁湖眉纹（砚山砚坑）

图 A.40　枣心眉子纹（砚山砚坑）

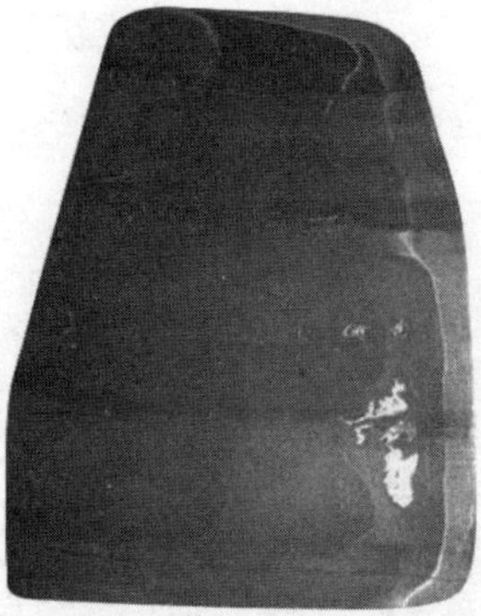

图 A.41　鱼子金晕（眉子上坑）

A.2.3.2　龟甲纹

也称龟背纹。与眉纹同出自眉子坑，只不过龟甲出自眉子坑的上坑，石质结构与眉纹相似。见图 A.42 至图 A.45。

图 A.42　白眉龟甲纹（砚山砚坑）

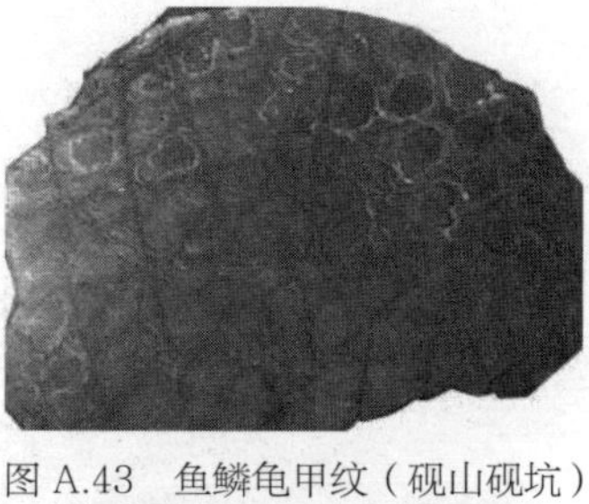

图 A.43　鱼鳞龟甲纹（砚山砚坑）

图 A.44　小格龟甲纹（砚山砚坑）

图 A.45　大格龟甲纹（砚山砚坑）

## A.3　复成构造纹饰－混合纹饰

是指两种或两种以上纹饰组成的混合纹饰。见图 A.46 至图 A.49。

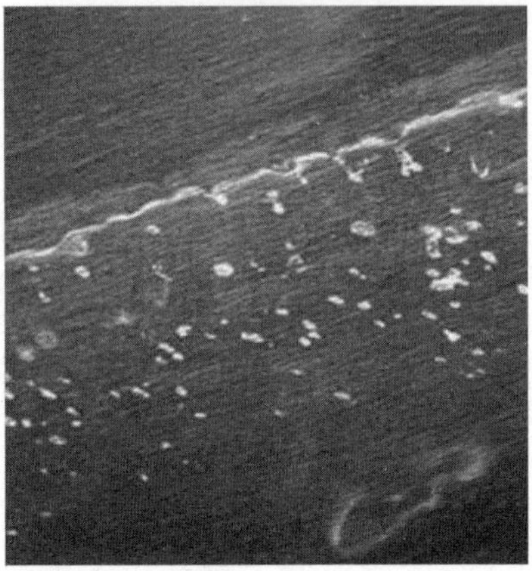

图 A.46　金星金晕罗纹（砚山砚坑）

图 A.47　银星罗纹（罗纹坑）

图 A.48　金星眉纹（砚山砚坑）

图 A.49　金晕眉纹（砚山砚坑）

# 参考文献


**专著**

1. 冯骥才主编：《传承人口述史方法论研究》，华文出版社 2016 年版。

2. 穆孝天、李明回：《中国安徽文房四宝》，安徽科学技术出版社 1983 年版。

3. 歙县二轻局专志编写组编著:《歙砚志》,安徽省歙砚印刷厂(内部发行)1986 年版。

4. 方卫星:《徽州技艺·歙县卷》,合肥工业大学出版社 2014 年版。

5. 陈墨:《口述史学研究：多学科视角》，人民出版社 2015 年版。

6. 程明铭：《歙砚丛谈》，黄山书社 1991 年版。

7. 王振忠主编：《活着的记忆——婺源非物质文化遗产录》，江西人民出版社 2013 年版。

8. 程明铭：《中国歙砚大观》，北京大学出版社 2012 年版。

9. 李逸峰：《文房四宝》，中国文联出版社 2011 年版。

10. 胡中泰：《歙砚雕刻技艺与鉴别收藏》，中国友谊出版社 2015 年版。

11. 鲍义来：《徽州工艺》，安徽人民出版社 2005 年版。

12. 徐建辉主编：《北京非物质文化遗产传承人口述史》，首都师范大学出版社 2017 年版。

13. 季孙歙：《笔墨纸砚》黄山书社 2012 年版。

14.（宋）苏易简著、王刚编：《文房四谱》，江苏凤凰文艺出版社 2017 年版。

15. 冯济泉、马贤能：《文房四宝古今谈》，贵州人民出版社 1983 年版。

16. 叶显恩：《明清徽州农村社会与佃仆制》，安徽人民出版社 1983 年版。

17. 朱家溍、张淑芬主编：《中国文房四宝全集》，北京出版社 2007 年版。

18. 朱思红、李举纲：《中国古代文房四宝真伪鉴别》，安徽科学技术出版社 2001 年版。

19. 章放童：《歙砚温故》，人民美术出版社 2007 年版。

20. 周俊：《中国歙砚砚石研究》，科学出版社 2016 年版。

21. 凌红军、王宏俊：《歙砚新考》，同济大学出版社 2009 年版。

22. 俞飞鹏：《歙砚：吴楚清音》，北京工艺美术出版社 2010 年版。

23. 王云龙：《首届中国歙砚大展作品集》，安徽美术出版社 2016 年版。

24. 柳若芍、傅璇琮：《阅读中华国粹：青少年应该知道的歙砚》，泰山出版社 2012 年版。

25. 李雪梅、安久亮：《中国史话：文房四宝史话》，社会科学文献出版社 2011 年版。

26. 孙敦秀：《中国文房四宝》，漓江出版社 2014 年版。

27. 定宜庄主编：《口述史读本》，北京大学出版社 2011 年版。

28. 曲青山、高永中：《新中国口述史（1949—1978）》，中国人民大学出版社 2015 年版。

29. 林卉、刘英力：《口述历史在中国・多元化视角与应用》，广西师范大学出版社 2016 年版。

30. 杨祥银：《口述史研究（第 1 辑）》，社会科学文献出版社

2014 年版。

31. 万平：《川剧老艺术家口述史（四川卷续）》，人民出版社 2017 年版。

32. 张兆林、齐如林、束华娜：《非物质文化遗产保护领域社会力量研究》，中国社会科学出版社 2017 年版。

33. 肖锋：《非物质文化遗产的保护与产业研发》，人民日报出版社 2016 年版。

34. 何华湘:《地域文化传承书系——非物质文化遗产的传播研究:以女书为例》，中国书籍出版社 2015 年版。

35. 冯骥才主编：《中国非物质文化遗产百科全书·史诗卷》，中国文联出版社 2015 年版。

36. 冯骥才主编：《中国非物质文化遗产百科全书·代表性项目卷（上、下）》，中国文联出版社 2015 年版。

37. 黄山市城乡劳动力资源研究促进会、黄山市社会科学界联合会、黄山市文化委员会编著：《非遗传承在黄山》，中国科学技术大学出版社 2017 年版。

38. 华慈祥：《中国古砚》，上海人民出版社 2012 年版。

**论文**

1. 吴丽萍：《家庭出身与知识青年上山下乡》，《中国青年研究》1997 年第 9 期。

2. 陈锋：《“四大名砚”考辨》，《光明日报》2016 年 5 月 18 日第 14 版。

3. 向云驹：《记录传承人口述史十万火急》，《光明日报》2018 年 6 月 30 日第 5 版。

4. 徐学林：《徽墨歙砚》，《江淮论坛》1980 年第 4 期。

5. 吴秀云：《生态文明进程中传统知识的法律保护问题研究——以徽墨、歙砚为例》，《学术界》2014 第 4 期。

6. 何倩：《浅析歙砚的发展历程与当代传承》，《文物鉴定与鉴赏》2016 第 19 期。

7. 宗华婷：《歙砚的艺术价值》，《美术大观》2007 第 12 期。

8. 方韶：《歙砚的历史演变》，《合肥工业大学学报（社会科学版）》2012 第 6 期。

9. 潘华华：《浅析歙砚的鉴赏方法与评价标准》，《上饶师范学院学报》2008 第 6 期。

10. 周康正、吴霞：《歙砚雕刻技艺的传承与保护》，《重庆科技学院学报（社会科学版）》2012 第 2 期。

11. 姚昱波：《明代歙砚雕琢艺术简说——以安徽中国徽州文化博物馆藏砚为例》，《文物鉴定与鉴赏》2015 第 8 期。

12. 顾媛媛：《文房之珍历千载　新安龙尾始得之——歙砚的鉴赏与收藏》，《荣宝斋》2011 第 5 期。

13. 刘志斌：《歙砚在砚史发展中的历史概况及地位》，《艺术·生活》2009 第 5 期。

14. 张泽球：《刍议歙砚的艺术价值与传承发扬》，《美术教育研究》2012 第 1 期。

15. 凌红军：《新安歙砚艺术博物馆》，《书画世界》2017 第 4 期。

16. 朱岱：《歙砚在当代的价值转移和开发策略初探》，《新闻世界》2012 第 8 期。

17. 檀艳萍：《晚唐风字形歙砚再考》，《人文天下》2016 第 16 期。

18. 朱师勤：《歙砚形制考》，《新美术》2014 第 5 期。

19. 岳金凤：《歙砚雕刻装饰的文化意蕴探析》，《美与时代（中）》2015 第 8 期。

20. 洪杰、吴正庭：《歙砚产业可持续发展探索》，《安徽科技》2012 第 9 期。

21. 吴清：《中国不同类型非物质文化遗产的空间分布与成因》，《经济地理》2015 第 6 期。

22. 程乾、凌素培：《中国非物质文化遗产的空间分布特征及影响因素分析》，《地理科学》2013 第 9 期。

23. 许鑫、张悦悦：《非遗数字资源的元数据规范与应用研究》，《图书情报工作》2014 第 24 期。

24. 宋丽华：《非物质文化遗产数字化保护与知识整合平台建设》，《图书馆杂志》2015 第 1 期。

25. 田艳：《非物质文化遗产代表性传承人认定制度探究》，《政法论坛》2013 第 4 期。

26. 户晓辉：《非遗时代民俗学的实践回归》，《民俗研究》2015 第 1 期。

27. 宋俊华：《关于非物质文化遗产数字化保护的几点思考》，《文化遗产》2015 第 2 期。

# 后　记

《皇朝直省府厅州县歌括》记载：“徽州府在省极南，所辖六县歙为首，休宁祁门婺源角，绩溪府北黟西守。”歙县这块神奇的土地孕育了特点鲜明的徽州文化，它包括徽州人与自然的关系，以及物质文化遗产和非物质文化遗产，特别是徽州人文以及传承自身文化传统的方式、思想和观念等。其表现形式主要包括城镇规划、村落布局、徽派建筑、商贸习俗、宗法制度、佃仆制度、新安理学、徽州朴学、新安文学、新安画派、徽派篆刻、徽派盆景、徽州戏曲、新安医学、程大位珠算法、歙砚制作、徽墨制作、活字印刷术、节俗、方言等生产生活方式和社会习俗等。

歙砚制作技艺作为非物质文化遗产，是徽州砚雕工匠智慧的结晶，保护非物质文化遗产，重要的是保护非物质文化遗产传承人。随着很多老一辈歙砚制作技艺传承人的慢慢老去，歙砚发展传承中很多历史资料将面临着遗失的可能。用记录传承人口述史的方法，保护非物质文化遗产，已经成为必要。

曹阶铭是国家级歙砚制作技艺第一位代表性传承人，在行业内以及歙砚收藏界都颇具影响力与知名度，堪称大师级人物。老先生今年已年近古稀，他是新中国成立后歙砚传承发展的见证者和参与者，至今他仍在为歙砚制作技艺传承而奔忙。

为这样一位大师级人物做口述史，访谈前的准备工作当然要充分考虑周全。虽然做了自认为充分的准备，但是心里还是忐忑不安，现在很多社会上知名的大师级人物，要想见一面都难，更别说要进行长时间频繁的访谈。

第一次见老先生是2018年2月1日上午，在歙砚厂的生产车间里。老先生个子不高，精神矍铄，性格偏内向，温文尔雅，待人恭敬不失礼貌，没有一点架子。当时他正忙着指导工人们雕刻歙砚，因为已经提前预约，老先生见到我们，就带我们到会议室进行访谈事项的商定与安排。

访谈计划安排好后，接下来几个月的时间里，几乎每周我都会对老先生进行访谈，这种访谈一直持续到2018年的5月。老先生非常健谈，他详细地讲述了自己幼年时期的家庭生活，以及学习制砚并走上这条道路的坎坷经历。讲到在歙砚厂做制砚工人的那段经历时，那种有苦也有乐，更有收获的往事，从老先生的表情中可以看出那是一段美好回忆。在介绍自己的代表作品时，老先生对自己五个行业界公认的作品，从选料、构思设计、雕刻都仔仔细细地做了讲解。在歙砚制作具体流程上，老先生讲得非常详细，从歙砚石的种类、歙砚制作的每一个环节、雕刻技法的应用，一直讲到歙砚的保养。在文化传承方面，老先生认为老歙砚厂对歙砚技艺的传承发展所做的贡献是不能埋没的。他最为忧虑的就是歙砚制作技艺后继乏人的问题。关于歙砚发展创新，老先生担心有些传承人为了创新而创新，把传统给丢失了。

几个月的访谈，老先生谈得非常仔细，非常认真，有很多次在老先生家里进行访谈，遇到一些他记忆不太准确的事情时，他都会停下来思考，有时会到书房里找资料。我被老先生的精神深深感动了，我想这就是工匠精神的一种体现。事实上，很多媒体都对老先生进行过类似的采访和访谈，然而他并没有因此就胡乱应付我。

老先生讲述自己砚雕生涯不纯粹是他一个人的人生经历，这是整个歙砚雕刻的传承发展历史，其中不乏先生对歙砚传承中个人的独到见解。从老先生口述中我们可以了解认识歙砚传承发展的脉络，歙砚制作技艺非物质文化遗产保护的意义所在，以及歙砚制作技艺保护传承中面临的问题和挑战。

访谈的后期，因为需要访谈老先生的徒弟，他很快就把目前仍在歙砚厂工作的四个徒弟中的三个叫过来，其中一个徒弟因为出差不在单位就没参加访谈。这三个徒弟周旗中、吴伟、胡文宾都是黄山市非物质文化遗产代表性传承人。还有“名师带徒”工程中招的徒弟张浩翔。访谈曹先生几个徒弟的过程，有一幕深深地触动了我。有一次访谈到中午，我就邀请先生和他的三个被访谈的徒弟中午一起吃饭。在饭桌上，大家都非常随便地聊天，中间他们聊到制砚这个行业的辛苦，周旗中老师就笑着跟我说，应该把他们的手拍下来放在书里，让大家知道制砚的辛苦。其他几位老师也附和着，并同时把手伸出来让我看。我当时就愣住了，没人可以想象，那四只手的样子，我在访谈的过程中也没有注意观察过他们的手。四位老师的手掌上都有一层厚厚的老茧，四只手的大拇指、食指和中指明显比正常的手指要粗很多，尤其是中指和食指，更加明显。这是因为常年拿着刻刀，用力雕刻导致手指关节变形，这种变形是不可逆的。当我们在欣赏那些精美的歙砚作品时候，是无法同时想象到这些艺术品就出自那些变形的手。歙砚制作技艺经过一千年的发展传承，成为徽州文化艺术中的奇葩，成为中华文明的组成元素，离不开曹阶铭老先生和他的徒弟们，以及其他无数淳朴智慧的歙砚雕刻工匠辛苦的付出。我想我有义务和责任把曹阶铭老先生口述歙砚制作技艺这个工作给做好。

本书能够出版，首先要感谢黄山学院马克思主义学院马勇虎教授。马勇虎教授一直潜心于徽文化的保护与研究，马教授把他长期研究所积累的田野调查经验以及写作经验，毫无保留传授与我，这对我进行歙砚制作技艺传承人口述史研究与写作，起到了非常大的指引作用。同时马教授在该书的写作过程中也给予了非常大的鼓励、支持和帮助，这对我能够顺利完成写作至关重要。

本书写作还要特别感谢黄山书社。在黄山书社大力扶持下，该书写作所需要的第一手资料的获取以及对传承人的访谈工作才有了有序开展的可能。

本书从开始策划到最后完成，马克思主义学院曾小保院长都给予了大力的支持。我的同事朱哲恒博士、刘芳正博士、汪海波老师在前期访谈、资料搜集过程中都给过我很多帮助，汪海波老师一直在帮我做访谈全程摄像及图片处理工作。对于他们的无私帮助我要真诚地说一声感谢！

黄山学院科研处、黄山学院安徽非物质文化遗产研究中心的领导和同事为本项目的实施付出了很多辛劳。

最后，我要感谢我的妻子及家人的理解和支持。

胡克春

2019年10月于黄山学院率水校区